Kurt Tepperwein

Mein persönliches Verjüngungsbuch

Bewährte Rezepte und Mentaltechiken zum Jungbleiben

AF187527

Kurt Tepperwein

MEIN PERSÖNLICHES
VERJÜNGUNGSBUCH

Bewährte Rezepte und Mentaltechniken
zum Jungbleiben

Originalausgabe 2010
© 2010 by Arkana, München,
in der Verlagsgruppe Random House GmbH

2019 © by IAW Anstalt, Vaduz
www.iadw.com

ISBN: 978-3-7494-3434-3

Die Deutsche Nationalbibliothek verzeichnet diese Publikation
in der Deutschen Nationalbibliografie; detaillierte bibliografische Daten
sind im Internet über www.dnb.de abrufbar.

Umschlaggestaltung: www.layART.li
Umschlagmotiv: ©flowers/pixapay
Herstellung und Verlag: BoD – Books on Demand, Norderstedt
Made in Germany

Internationale Akademie der Wissenschaften (IAW) Anstalt, FL-9490 Vaduz
Tel. +423/233 12 12, Fax +423/233 12 14

Inhalt

**Gesund alt werden und
dabei jung bleiben** 9

Vorwort 9

Wie Sie mindestens 100 Jahre alt werden 14

Die Macht der Gedanken 24

Die Gesundheitsfaktoren 28

New-Aging: Jung bleiben beim Älterwerden 29

Was eine Krankheit bedeutet 33

Bio-Tuning 36

Sie sind so jung, wie Sie sich fühlen 37

**Jungbrunnen Nahrung –
Mit der richtigen Ernährung jung,
fit und gesund bleiben** 53

Gesundheit kann man essen 53

Jungbrunnen Obst und Gemüse 63

Das Körperpendel 70

Kalorien lassen früh altern 71

Das Dinner-Cancelling   73

Kauen Sie sich gesund, schlank und fit   76

Den Körper entsäuern   80

Lebensverlängernde Nahrungsergänzungen.   82

Den Blutdruck senken   112

Eiweiß   113

Ein langes Leben durch Grünen Tee   116

Den Hormonspiegel optimieren   118

Das Wunder Wasser   127

Erhöhte Cholesterinwerte   136

Hoher Blutdruck   137

Jungbrunnen Schlankheit – die besten Tipps   139

Jungbrunnen Bewusstsein – Denken Sie sich jung

**Jungbrunnen Bewusstsein –
Denken Sie sich jung**   142

Das eigene Erleben von Alter   144

Mentales Entsäuern   147

Die energetische Signatur   157

Das Geheimnis unserer DNA   158

Die Botschaft des Körpers verstehen und befolgen   163

Das Leben bewusst führen   171

Wie Medikamente heilen   174

Das Unterbewusstsein 176

Denken Sie sich jung........................... 181

Wohlstand als Weg zu einem gesunden
und langen Leben 197

Wie Sie alles bekommen, was Sie wollen 201

Jungbrunnen Bewegung – Durch körperliche Betätigung alterslos leben

Jungbrunnen Bewegung –
Durch körperliche Betätigung
alterslos leben 205

Bewegung ist die halbe Jugend 208

Die richtige Sportart 210

Lebenselixier Sauerstoff 217

Rundum gesund, jung und vital bleiben – die besten Tipps

Rundum gesund, jung und
vital bleiben – die besten Tipps 223

Die Haut vor dem Altern schützen 223

Das Vital-Ionen-Verjüngungsbad 225

Hilfe bei Prostatavergrößerung 226

Das Altern des Knochensystems 227

Das Herz-Kreislauf-System gesund halten 228

Das Immunsystem stärken 230

Die Heilkraft des Lachens und des Lächelns 232

Warum es so oft bei guten Vorsätzen bleibt 233

Jung bleiben durch Meditation   236

Meine tägliche Meditation   242

Die persönliche Situationsanalyse   246

Biologisch jünger werden   248

Weise Worte zum Schluss   251

Gesund alt werden und dabei jung bleiben

Vorwort

Als ich meine Ausbildung zum Heilpraktiker begann, legte ich zwei Ordner an: einen mit der Aufschrift »Schritte zur optimalen Gesundheit« und einen zweiten mit der Aufschrift »Wie man länger jung bleibt«. 40 Jahre lang sammelte ich alles, was zu diesen Themenkreisen gehörte. Dabei probierte ich jede Methode, die ich entdeckte, zuerst an mir selbst aus und behielt nur die wirkungsvollsten. Vieles verwarf ich wieder, wenn es keine überzeugende Wirkung zeigte. Alles, was übrig blieb, hat sich auf Dauer bei mir bewährt, und ich erzielte Ergebnisse, die ich selbst nicht erwartet hätte. Die bewährten Methoden praktiziere ich seither täglich.

Aus diesen beiden Ordnern sowie meiner jahrzehntelangen Erfahrung auf den Gebieten der körperlichen Gesundheit und des Mentaltrainings ist mein persönliches »Verjüngungsbuch« entstanden. Wann immer ich meine Sammlung jemandem zeigte, war die Reaktion dieselbe: »Das muss ich unbedingt haben«, hieß es, und: »Wann gibt es das zu kaufen?« Eigentlich hatte ich nur mir selbst bewusst machen wollen, was zu tun ist, um bis ins hohe

Alter gesund und vital zu bleiben und sich dabei stets jung zu fühlen. Doch dann erkannte ich, dass es sogar möglich ist, den Altersprozess innerlich umzukehren und mit der Zeit jünger zu werden – indem man die Zeit als Freund und Helfer dazu nutzt, das Richtige regelmäßig und mit Freude zu tun. Und ich beschloss, mein Wissen mit möglichst vielen Menschen zu teilen – um ihnen dabei zu helfen, gesund zu bleiben und gesund alt zu werden.

Auf meinem Weg zu lebenslanger Gesundheit und Vitalität beschäftigte ich mich nicht nur mit gesunder Ernährung und körperlicher Betätigung, sondern auch mit der Macht der Gedanken. Der Einfluss des Denkens wird meist unterschätzt oder gar nicht erkannt. Unsere Erbanlagen entscheiden, welches »Lebenskapital« wir mit auf den Weg bekommen, aber unsere Lebensweise bestimmt, wie alt wir tatsächlich werden – und diese Lebensweise wird auch maßgeblich von unserem Denken beeinflusst. Vor allem die Wirkung des eigenen Bewusstseins ist überragend. Im Lauf der Jahre erkannte ich, dass jeder einzelne Schritt in seiner Wirkung davon abhing, in welchem Bewusstsein ich ihn machte und womit ich mich identifizierte, während ich ihn tat. Als ich jede Identifikation beendet hatte und zu meiner wahren Identität erwacht war, war das Ergebnis überwältigend. Ganz gleich, ob es sich um die richtige Ernährung handelte oder die optimale Bewegung, das volle Potenzial konnte sich erst entfalten, als ich bei mir selbst angekommen war.

Ich entdeckte das Bewusstsein als den »inneren Jungbrunnen«, als das Geheimnis vollkommener Gesundheit.

Denn das Bewusstsein kann nicht krank werden, es ist immer vollkommen gesund. Sobald ich als dieses vollkommene Bewusstsein meinen Körper erfüllte, spürte ich das »Heil-Sein« als ständiges Wohlgefühl und völlige Gesundheit. Mir wurde bewusst, dass der dritte entscheidende Faktor, der unser Alter und unsere Lebenserwartung ebenso stark beeinflusst wie unsere Gene und unser Verhalten, das Bewusstsein ist, das den Menschen ausmacht. »Zu Bewusstsein« zu kommen und als ich selbst zu leben war der entscheidende Schritt zu Gesundheit und Lebensfreude.

Altern geschieht auf verschiedenen Ebenen, in der Zelle, den Gefäßen, im Stoffwechsel, im Hormonhaushalt und im Immunsystem. Auch das Bewusstsein wirkt auf allen Ebenen. Jung ist, wer noch staunen und sich begeistern kann. Jung ist, wer in jedem Augenblick das Besondere erwartet und aus einem ganz normalen Alltag etwas ganz Besonderes machen kann. Sie sind so jung wie Ihre Begeisterung und so alt wie Ihre Zweifel. Und Sie werden so lange jung bleiben, solange Sie offen sind für das Abenteuer Leben, für das Wunder, das Sie SIND.

Früher oder später müssen wir uns alle mit unserer Gesundheit befassen. Je früher wir damit beginnen, desto erstaunlicher und großartiger ist das, was wir erreichen können. Wir müssten eigentlich in der Schule lernen, wie man bis ins hohe Alter gesund und vital bleibt.

Nun ist es zwar wichtig, damit so früh wie möglich zu beginnen, aber auch ein Achtzigjähriger kann innerhalb weniger Tage seine Gesundheit entscheidend verbessern.

Es ist ein uralter Menschheitstraum, einfach in einen Jungbrunnen einzutauchen oder ein geheimnisvolles Lebenselixier einzunehmen, um so Jugend, Gesundheit, Vitalität und Lebensfreude zurückzubekommen. Das ist zwar nicht möglich, aber wir können mit einigen Änderungen unserer Lebensgewohnheiten mindestens zehn bis 15 Lebensjahre dazugewinnen und bis ins hohe Alter gesund und fit bleiben. Sie werden sehen, dass es ganz einfach ist!

Bestimmt haben Sie auch schon bemerkt, dass manche Menschen gesünder und glücklicher sind als andere. Da muss man sich doch fragen: Was machen diese anders? Und warum gehöre ich nicht zu ihnen? Sobald Sie sich diese Frage stellen, finden Sie auch einen Weg, selbst gesund und glücklich zu werden. Denn dann werden auch Sie etwas dafür *tun*.

Niemand wird alt dadurch, dass er eine bestimmte Anzahl von Jahren gelebt hat. Jugend ist tatsächlich ein Geisteszustand. Das erkennbare Altern eines Menschen an Geist, Seele und Körper ist die Folge einer meist unbewussten mentalen, psychischen und physischen Entscheidung, die *jederzeit* geändert werden kann. Negatives Denken ist eine Krankheit, die *jeder* selbst heilen kann. Unser Körper ist ein Spiegelbild unserer Überzeugungen. Eine der am tiefsten sitzenden Überzeugungen ist die, dass man mit jedem Jahr älter wird. Dass diese Überzeugung jedoch nicht Realität werden muss, möchte ich Ihnen mit diesem Buch zeigen.

Zudem soll Ihnen dieses Buch mehr Verständnis für die

Bedürfnisse Ihres wunderbaren Körpers vermitteln, der ein perfektes »Werkzeug« ist. Ich möchte Ihnen auch bewusst machen, dass *Sie* es in der Hand haben, wie gut Ihr Körper funktioniert, wie gesund er bleibt und wie lange er Ihnen Freude macht. Vielleicht teilen Sie mit mir die Bewunderung für dieses faszinierende Schöpfungsinstrument, das der Körper in seiner Perfektion darstellt. Wenn Sie ihn als Freund und Partner behandeln, wird er Ihnen dienen, bis Sie ihn nach einem langen und erfüllten Leben bewusst verlassen.

Jeder Mensch ist einmalig, und so reagiert auch jeder auf seine ganz besondere und einmalige Art, aber da wir alle nach dem Ebenbild Gottes geschaffen wurden, sind die Grundschritte auch für jeden die Gleichen. Dabei möchte ich Sie bitten, mir kein Wort zu glauben, alles einfach selbst nachzuprüfen und nur das beizubehalten, was Sie weiterbringt – frei nach dem Bibelwort: »Prüfet alles, und das Beste behaltet.«

Ich möchte mit diesem Buch meine jahrzehntelangen Erfahrungen mit Ihnen teilen, damit Sie länger jung bleiben, während Sie mindestens 100 Jahre alt werden. Dabei werde ich besonders auf die drei Grundbausteine lebenslanger Gesundheit eingehen: gesunde Ernährung, gute Gedanken und Bewegung. In jedem Bereich können Sie aus meinen Tipps und Methoden jene auswählen, die für Sie und Ihren Körper am besten geeignet sind. Wichtig ist, dass Sie nicht nur eine der drei Säulen beherzigen – ein gesunder Körper braucht die richtigen Lebensmittel ebenso sehr wie Bewegung und heilsame Gedanken. Nur in der

Kombination sorgen diese drei Grundbausteine für eine harmonische Balance zwischen Körper und Geist, die Sie Ihr Leben lang gesund und vital erhält.

Wie Sie mindestens 100 Jahre alt werden

Unser Körper besteht aus etwa 70 Billionen Zellen, das sind 70 000 Milliarden Körperzellen. Jede einzelne ist ein komplettes Kraftwerk. Während Sie diesen Satz gelesen haben, sind davon etwa 100 000 gestorben und augenblicklich durch Teilung wieder ersetzt worden. Diese neuen Zellen wurden sofort mit dem Inhalt und der Qualität Ihrer energetischen Signatur programmiert. Wenn Sie glauben, alt zu sein, teilt sich das jeder neuen Zelle mit, aber wenn Sie sich jung fühlen, wird das zum Programm Ihrer neuen Zellen. Nach nur einem Jahr haben sich fast alle Körperzellen erneuert. Wenn Sie wollen, haben Sie dann einen ganz neuen Körper mit einem ganz anderen Zellbewusstsein. Auch Sie bekommen mehrmals täglich Krebs, aber wenn Ihr Immunsystem intakt ist, werden diese entarteten Zellen von Ihrem Körper erkannt, repariert und erneuert, ohne dass Sie das bemerken. Wussten Sie, dass Sie sich ständig erneuern? In einem Jahr haben Sie einen ganz neuen Körper, der Ihnen Freude macht und ein Leben lang dient, bis Sie ihn eines Tages nicht mehr brauchen.

In dem Moment, in dem wir geboren werden, beginnen wir zu altern. Dieser lebenslange Prozess wird zunächst sehr positiv erlebt, weil wir geistige und körperliche Fähig-

Gründe für das Altern sind:

- Unser genetisches Erbe
- Die Verkürzung der Telomere (Telomere sind die Endstücke des Chromosomenstranges)
- Freie Radikale
- Der Rückgang der Hormonproduktion
- Mangelndes Gesundheitsbewusstsein
- Falsche Ernährung
- Übersäuerung und Entmineralisierung
- Dehydrierung (Flüssigkeitsmangel des Körpers)
- Hyperglykämie (innerliches Überzuckern)
- Arteriosklerose
- Rauchen
- Ein nachlassendes Immunsystem
- Bewegungsmangel
- Mangelnde Psychohygiene
- Erhöhte Cholesterinwerte
- Hoher Blutdruck
- Eine unbewältigte Vergangenheit
- Disharmonische Beziehungen
- Einsamkeit
- Langeweile
- Eine negative Lebenseinstellung

keiten dazugewinnen. Erst etwa in der Lebensmitte erleben wir das Altern als etwas Negatives, da unsere Fähigkeiten langsam wieder verloren gehen. Dieser Prozess des individuellen Alterns kann durch Unwissenheit oder Nachlässigkeit beschleunigt oder durch eine geeignete Lebensweise verlangsamt und sogar umgekehrt werden. Wir müssen uns also zunächst einmal die Gründe für das Altern bewusst machen, um gezielt eingreifen zu können.

Wenn Sie bis ins hohe Alter gesund und lebensfroh bleiben wollen, müssen Sie nur eines tun: nicht altern. Gegen alle diese hier aufgezählten Gründe können Sie selbst etwas unternehmen, sei es durch die richtige Ernährung, durch die Einnahme von Nahrungsergänzungsmitteln, durch Sport oder durch ein innerliches Umdenken. Sie sind selbst dafür verantwortlich, wie viel Lebenszeit Sie zur Verfügung haben. Deshalb sollten Sie alle Gewohnheiten und Verhaltensweisen, die Ihre Lebenserwartung verkürzen, sofort stoppen: Hören Sie auf zu rauchen, bewegen Sie sich mehr, stellen Sie Ihre Ernährung um und vor allem – denken Sie positiv!

Denn Materie an sich ist so, wie wir sie uns bisher vorgestellt haben, gar nicht existent. Sie besteht im Wesentlichen aus Information. Ihre persönliche energetische Signatur ist Ihr »Dauerauftrag« an Ihr Zellbewusstsein. Sie können Ihre energetische Signatur frei bestimmen. Das geschieht durch Ihre Gedanken und Gefühle, durch Ihre Überzeugungen und Verhaltensweisen. Das, wovon Sie überzeugt sind, bestimmt Ihr Verhalten, Ihre Gedanken und Gefühle, und es prägt das Bewusstsein Ihrer Zellen, macht sie älter oder jünger. Wie Sie Ihre Überzeugungen zum Positiven umpolen, zeige ich Ihnen im Abschnitt »Jungbrunnen Bewusstsein«. Wichtig ist, dass Ihnen klar wird, dass Sie Ihr Alter und Ihren Gesundheitszustand selbst bestimmen – nicht Ihre Gene, Ihr Personal Trainer oder Ihr Arzt, sondern nur *Sie*.

Das Energiefeld Mensch

Jeder Mensch ist ein Energiefeld mit einer ganz individuellen Schwingung. Diese Schwingung unseres Energiefeldes kann harmonisch sein, dann sind wir gesund, oder disharmonisch, dann sind wir krank. Jeder unserer Gedanken, jedes unserer Gefühle hat eine energieverändernde Wirkung. Wir können jederzeit ganz bewusst die Schwingung unseres Energiefeldes positiv verändern, und im gleichen Augenblick beginnt unser Körper zu heilen. Wir können so Heilung ständig »geschehen lassen«. Damit liegt es in unserer Hand, ob wir gesund oder krank sind.

Sobald wir, bewusst oder unbewusst, eine disharmonische Schwingung in unserem Energiefeld schaffen, bekommen wir von unserem Körper eine Botschaft in Form von Krankheit oder Leid. Und wenn wir die Botschaft nicht beachten, schickt uns der Körper den Schmerz und zwingt uns so, uns mit der Botschaft zu befassen und die natürliche Harmonie wiederherzustellen, die sich in Gesundheit, Vitalität und Lebensfreude zeigt.

Aus der Quantenphysik hat sich eine neue Wissenschaft

vom Lebendigen entwickelt. Sie beschreibt den lebenden Organismus als einen Energiekörper, der alle biochemischen und bioelektrischen Vorgänge steuert. Dieser Körper ist in ständigem Kontakt mit dem Bewusstsein, dem ICH BIN. Er ist resonanzfähig für jede Veränderung im Bewusstsein.

Jedes Organ, jeder Körperteil hat im Gehirn einen Bereich, der ihn repräsentiert. Wenn die heilende Information oder Erkenntnis diesen Teil erreicht und dort durch festen Glauben verankert wird, wird die gespeicherte disharmonische Information verändert. Die ebenfalls dort verzeichnete Blaupause der Gesundheit wird aktiviert und gibt dem Körper die entsprechenden Befehle.

Hoffnung ermöglicht Heilung, Gewissheit verursacht Heilung! Wenn wir etwas haben wollen, ist entscheidend, was wir bereit sind zu geben.

Den Körper lieben

Der erste Schritt zu mehr Lebensfreude lautet: Lieben Sie Ihren Körper! Da wir unseren Körper nicht umtauschen oder gebraucht verkaufen können, ist es wichtig, in ihm einen Freund und lebenslangen Verbündeten zu sehen, denn die Beziehung zu unserem Körper ist die entscheidende Grundlage für lebenslange Gesundheit und Vitalität. Wenn Sie mit Ihrem Körper nicht zufrieden sind und sich in ihm nicht wohl fühlen, wird er Ihnen Grund dazu geben, sich nicht wohl zu fühlen.

Hören Sie auf, schlanker, stärker, gesünder und gelenkiger sein zu wollen, sondern schaffen Sie die Voraussetzungen dafür und geben Sie Ihrem Körper so eine Chance, Ihnen Freude zu bereiten. Schließen Sie Frieden mit Ihrem Körper, besser noch: Fangen Sie an, ihn zu lieben. Machen Sie sich einmal bewusst, was Sie an Ihrem Körper schätzen, und gehen Sie fürsorglich mit ihm um, denn Sie haben nur den einen.

Sie bekommen nicht Ihren Wunschkörper, *damit* Sie ihn annehmen, sondern Sie bekommen Ihren Wunschkörper, *indem* Sie ihn annehmen.

Der Müll im Körper

Bei meinen Forschungen war ich darauf gefasst, eine geheimnisvolle, lebensverlängernde Substanz oder eine bisher unbekannte vitalisierende Übung als Schlüssel für ein gesundes Leben zu entdecken. Stattdessen stieß ich auf ein Müllproblem auf allen Ebenen des Seins.

Die menschliche Zelle erstickt an ihren eigenen Stoffwechselprodukten, weil die interzellulare Müllabfuhr nicht funktioniert. Und sie funktioniert meist deshalb nicht, weil wir ungeeignetes Wasser trinken, dessen lange Molekülketten die Zellwand nicht passieren können. Um nicht zusammenzubrechen, teilt sich die Zelle, und auch der Müll wird geteilt, so dass jede neue Zelle schon mit einem Müllproblem anfängt. Ist die Teilungskapazität erschöpft, sterben die Zellen und damit der Organismus.

Das Gleiche findet auch auf der geistigen Ebene statt. Negatives Denken bringt negative Lebensumstände hervor, und diese belasten wiederum das Denken. Das Ergebnis ist ein freudloses Leben oder sogar eine Depression.

Auch auf der emotionalen Ebene sorgen ungeklärte Gefühle für eine gedrückte Stimmung und schaffen eine ständige Schlechtwetterfront im Gemüt. Das lähmt die Aktivität und raubt die Lebensfreude.

Die geheimnisvolle, lebensverlängernde und freudespendende Substanz, die ich gesucht habe, fand ich in einem lichtvollen Bewusstsein, das in der Erkenntnis seiner »ICH-BIN-Kraft« lebt. Ich fand sie im wahren positiven Denken, das nicht den unangenehmen Teil des Lebens ignoriert, sondern erkennt, dass alles gut ist, weil alles mir dienen und helfen will, besonders die unangenehmen Umstände. Und in einem geklärten Gemüt, das in der Wahrheit lebt: »Sein ist Freude.« Alle drei gemeinsam sorgen dafür, dass der Körper als Spiegel der inneren Wirklichkeit gesund und vital ist, weil er physisch, mental und emotional richtig ernährt wird und loslässt, was nicht mehr zu ihm gehört.

Jeder Mensch hat die Möglichkeit, innerhalb weniger Tage spürbare Veränderungen des Wohlbefindens und der Vitalität zu erleben. Und das alles ohne Medikamente, ohne stundenlanges Joggen und ohne Verzicht auf Genuss.

Die Regenerationsfähigkeit und Vitalität des Körpers hängen sehr von der ausgewogenen Zufuhr möglichst natürlicher Nahrung ab. Der Körper ist ein selbst heilender und selbst reinigender Organismus, der sich selbst in Ordnung hält, wenn wir nicht den ganzen Tag in sitzender Belastung verbringen, rauchen, uns übermäßig ernähren oder das Falsche essen und zu wenig schlafen. Vor allem die Giftmülldeponie im Körper hat ungeahnte Ausmaße angenommen. Nicht wenige schleppen bis zu 25 Kilo Gift mit sich herum, mehr als das erlaubte Freigepäck im Luftverkehr.

Wir sollten nicht nur *Nahrung*smittel essen, sondern mehr wirkliche *Lebens*mittel, also mehr Obst und Gemüse, Nüsse und Samen, denn nur lebendige Nahrung schafft einen lebendigen Körper. Unsere Nahrung sollte möglichst frisch und natürlich sein. Denn wir essen uns systematisch krank. Der Mensch isst zu viel, zu oft, das Falsche und zu hastig.

Wir erhalten und gestalten unseren Körper durch drei Substanzen: die Nahrung, die wir essen, die Luft, die wir atmen, und die Eindrücke, die wir aufnehmen. Aus diesen drei Substanzen produzieren wir unsere Lebensenergie.

Entscheidend ist die Qualität der Substanzen. Der Körper braucht sein »Baumaterial« in der richtigen Form, in der richtigen Menge und zur rechten Zeit! Dabei ist die »Bioverfügbarkeit« besonders wichtig. Dieser Begriff stammt eigentlich aus dem pharmazeutischen Bereich. Die Bioverfügbarkeit zeigt an, wie schnell und in welchem Umfang ein Stoff, zum Beispiel Nahrung oder Medikamente, nach der Zufuhr im Körper zur Verfügung steht. Manche Lebensmittel können vom Körper schneller und besser aufgenommen und verarbeitet werden als andere.

Bei jedem technischen Gerät sollte man vor Inbetriebnahme die Betriebsanleitung sorgfältig lesen. Das gilt natürlich besonders bei etwas so Komplexem wie einem Körper. Nur so kann das »System Mensch« optimal funktionieren. Da wir keine »Gebrauchsanweisung« mit auf den Weg bekommen, müssen wir sie uns im Laufe des Lebens selbst aneignen und befolgen.

Bessere Lebensqualität

Sie sollten aber nicht nur Wert darauf legen, Ihre Lebensspanne zu verlängern, sondern vielmehr darauf, die Vitalität, das Wohlbefinden und die Qualität des Lebens zu verbessern. Der Vorgang des Alterns kann heute nicht nur verzögert, sondern sogar ins Gegenteil verkehrt werden. Der Weg heißt »Bewusst-Sein«. Es ist wahrscheinlich, dass wir eines Tages keine Krankheiten mehr als natürlich ansehen und mangelnde Vitalität als Folge eines persönlichen Fehlverhaltens erkennen.

Eine Belastung, die nicht durch Änderung der Ernährung kompensiert werden kann, ist Stress. Es gibt keine Situation, die Stress verursacht. Es sind nie die Umstände, die Stress erzeugen, sondern der falsche Umgang damit. Das zu lernen ist ein wichtiger Schritt auf dem Weg zu Vitalität und innerer Harmonie.

Das Altern ist ein Prozess. Es ist Ihre Entscheidung, ob Sie dabei erfahrener, reifer und weiser werden oder nur faltig, krank und bedrückt. Sie haben die Wahl und bestimmen Ihre Lebensqualität selbst.

Leben ist Energie. Weil wir leben, verbrauchen wir Energie. Weil wir Energie verbrauchen, verschleißen wir, und Verschleiß bedeutet altern. Solange wir jung sind, machen wir uns darüber meist keine Gedanken. Wir tun so, als ginge uns das Altern nichts an, als wären wir immun dagegen. Aber letztlich muss sich jeder der Aufgabe des Älterwerdens stellen. Dabei ist es unsere eigene Entscheidung, wie wir diesen Prozess erleben, als langsamen Verfall oder als Weg zur ständig steigenden Erfüllung.

Wichtig ist, das »normale« Lebensvergeudungsprogramm zu stoppen und die Lebenszeit als unser wichtigstes Kapital optimal zu nutzen. Das bedeutet, alles zu tun, was das Leben wirklich bereichert. Und das beginnt damit, nach und nach alles bleiben zu lassen, was das Leben nicht wirklich reicher macht.

Zu einem erfüllten Leben gehören der richtige Partner, eine ideale Tätigkeit, die wirklich eine Berufung ist, und eine Wohnung, die Freude bereitet. Zur Lebensqualität tragen außerdem ein Auto als Genussmittel und die Fähigkeit, aus einem ganz normalen Alltag etwas ganz Besonderes zu machen, bei. Um ein zufriedenes Leben zu führen, können wir uns kostspielige Umwege ersparen, indem wir alternative Möglichkeiten »vorauserleben«, so dass gleich das Richtige verursacht wird. Denn wenn Sie stets das bekommen, was Sie sich vorstellen, warum visualisieren Sie dann nicht einfach das Beste?

Stimmen die Lebensumstände nicht, ist das ein wenig beachteter, aber ungemein wirksamer Weg, schneller zu altern oder, noch schlimmer, gar nicht wirklich zu leben. Viele

Menschen sterben, ohne je wirklich gelebt zu haben. Ein Leben in solchen falschen Umständen beschleunigt den Prozess des Alterns auf dramatische Weise, und doch bleibt das meist unbemerkt, bis es zu spät ist. Dazu gehört auch das negative Denken. Wenn Sie negativ denken, können Sie sich optimal ernähren und alles richtig machen, es wird Ihnen nichts nützen. So kann ein unbeachteter Faktor die ganze Mühe wirkungslos machen. Achten Sie daher darauf, alle drei Aspekte für Gesundheit und Vitalität in Ihr Leben einzubeziehen: Ernährung, Bewusstsein und Bewegung.

Die Macht der Gedanken

Der genetische Faktor hat zwei Aspekte. Da sind zuerst die allgemeinen Erbanlagen für die Spezies Mensch, die uns die Möglichkeit vorgeben, etwa 120 Jahre alt zu werden. Zweitens gibt es die individuellen Erbanlagen, die sich aus dem genetischen Potenzial der Eltern ergeben. Das sind aber nur die Anlagen, die wir mitbringen. Ausschlaggebend ist, was wir daraus machen. Das wird entscheidend durch die Richtung unseres Denkens beeinflusst, und die können wir jederzeit ändern. Ebenso wie unsere Lebensweise, die durch unsere Gewohnheiten entsteht. Hiermit bestimmen wir, wie gesund wir bleiben und wie viel unseres Lebenskapitals wir nutzen.

Viele Menschen sind »Gesundheits-Analphabeten«, und ihr Gesundheitsverhalten ist durch den jeweils verschiedenen Kenntnisstand unterschiedlich ausgeprägt. Intelligenz, aber besonders Interesse an der eigenen Gesundheit macht tatsächlich deutlich gesünder.

Es ist zwar noch eine unumstößliche Tatsache, dass wir mit der Zeit älter werden, aber es ist keineswegs eine notwendige Tatsache, dass wir dabei krank werden müssen. Wir können die Uhr des Alterns zurückdrehen und unseren Gesundheitszustand bestimmen – mit der Macht unserer Gedanken. Die neuesten wissenschaftlichen Erkenntnisse zeigen, dass wir mit der Kraft unserer Gedanken biochemische Verjüngungsprozesse auslösen können und dass wir es selbst in der Hand haben, wie lange wir jung bleiben.

Wir brauchen also nicht zu warten, bis die Altersforscher den Schlüssel zur fast ewigen Jugend gefunden haben, denn diesen Schlüssel tragen wir alle bereits in uns. Indem wir optimalen Gebrauch von unseren geistigen Möglichkeiten machen und unser Unterbewusstsein neu und richtig programmieren, können wir uralt werden und dabei jung und fit bleiben. Dazu gehört auch, dass wir bis ins hohe Alter aktiv bleiben, denn es gibt kein einziges Beispiel dafür, dass ein Müßiggänger ein hohes Alter erreicht.

In den Veden heißt es: »Ich bin das, du bist das, alles ist das, und das allein ist.« Das Eine Sein ist der Ursprung aller Dinge. Goethe sagt: »Es ist der Geist, der sich den Körper baut.« Das heißt, wenn unsere Gedanken stimmen, hat das Unterbewusstsein keine andere Wahl, als genau das dem Körper zu vermitteln. Unser Körper und vor allem unser Gesundheitszustand sind das Produkt unserer Gedanken. Das beginnt damit, dass wir uns falsche und unnatürliche Verhaltensweisen bewusst machen und löschen. Wir verlängern unser Leben am sichersten, indem wir aufhören, es zu verkürzen.

Der Mensch wird krank, wenn die Harmonie zwischen Körper und Geist gestört ist. Positives Denken dagegen löst eine Flut von Glückshormonen aus, die den Körper förmlich überschwemmen. Jede Zelle nimmt diese Botschaft auf und strotzt nur so vor Lebenskraft. Dopamin, Acetylcholin, Noradrenalin und Serotonin sind solche Glückshormone, die dafür sorgen, dass die Zellen unseres Körpers und damit der gesamte Körper jung und gesund bleiben.

Um ein jugendliches Äußeres und einen widerstandsfähigen Organismus zu erhalten, müssen Sie mit der Macht Ihrer Gedanken auf die Zelltätigkeit positiv einwirken. Dann kann der Körper nicht anders, als das widerzuspiegeln, was Sie denken – in Form von Gesundheit und Vitalität und vor allem Lebensfreude. In Ihrem Bewusstsein liegt der Schlüssel zur ewigen Jugend und vollkommenen Gesundheit. Die Menschen haben jahrtausendelang ihre geistigen Kräfte brach liegen lassen, und wie jedes Organ, jeder Körperteil, der nicht genutzt wird, verkümmert, so sind auch diese Kräfte verkümmert. Der erste Schritt, sie wieder zu aktivieren, ist, zu erkennen, dass es sie gibt und dass auch Sie darüber verfügen. Jeder Gedanke, jedes Wort hat eine entsprechende Wirkung auf Ihren Körper, seine Gesundheit und Ihr Alter. Es findet also eine ständige Hyperkommunikation zwischen Ihrem Geist und Ihrem Körper statt. Diese Hyperkommunikation sorgt z. B. für die Ordnung in einem Insektenstaat, der ohne sie nicht existieren könnte. Aber nicht nur unser Geist kommuniziert so mit dem Körper, auch der Kosmos, das ganze Sein kommuniziert so ständig mit uns und gibt uns Informationen, die außerhalb unseres Wissens liegen. Wir nennen das dann Intuition, Eingebung oder Inspiration.

Alles ist mit allem ständig verbunden, und wir können in Kontakt treten mit dem Wissen des gesamten Universums, um Informationen zu bekommen, die uns ansonsten fehlen würden. Aber wir können auch die ständige Verbindung zu unserem Körper nutzen, um ihm die entsprechenden Informationen ganz bewusst zu geben und damit sein Wohlgefühl, seine Gesundheit und Vitalität zu bestimmen. Und natürlich auch, um ihm den Auftrag zur Heilung zu geben. Das ist sogar als Dauerauftrag möglich.

Geist und Körper sollten so in einer ständigen, bewussten Kommunikation sein und damit im Ein-Klang. Hier liegt der Schlüssel für so genannte Wunderheilungen, die nur den wundern, der den Zusammenhang nicht erkennt. Es gibt keine unheilbaren Krankheiten mehr, und auch das Altern ist heilbar. Diese Hyperkommunikation ist viel wirksamer und zuverlässiger als die stärksten Medikamente und hat von Natur aus keine Nebenwirkungen. Aber Sie können sie nur anwenden, wenn Sie davon überzeugt sind, sonst sendet Ihr Geist die falsche Botschaft. Am stärksten wirkt diese Hyperkommunikation, wenn sie verbunden ist mit Wohlwollen, Liebe und Dankbarkeit. Hier liegt ihre wahre Macht.

Die Gesundheitsfaktoren

Die medizinische Forschung zeigt, dass der Mensch nicht im gleichen Maße altert, wie er an Jahren älter wird. Jedes Organ altert anders, entsprechend seiner biologischen Uhr, aber vor allem abhängig von den Umweltbedingungen, die es vorfindet. Das Altern ist ein komplexer Vorgang mit vielen verschiedenen Ursachen, von denen wir die meisten bestimmen können. Alt werden heißt also nicht zwangsläufig krank und schwach zu werden. Ihre Lebensweise bestimmt entscheidend, wie alt Sie werden und wie gesund Sie dabei bleiben.

Viel zu wenig wurden bisher die anderen Faktoren beachtet, die Ihre Gesundheit entscheidend mit beeinflussen. Das sind: Bildung, Wohlstand, Lebensstil, Ernährung, Gedanken und Gefühle, Beziehungen, der Umgang mit Freizeit und die Umweltbedingungen. Leben Sie in der Stadt oder auf dem Land? Leben Sie allein oder in einer harmonischen Beziehung? Achten Sie auf Ihre Gesundheit oder machen Sie sich darüber keine Gedanken? Erleben Sie öfter Stress oder leben Sie in Harmonie mit sich und der Welt? Stress aktiviert ein bestimmtes Protein in den Zellen, das Entzündungen auslöst.

Wie wichtig diese unbeachteten Gesundheitsfaktoren tatsächlich sind, zeigt sich am Beispiel des Faktors Bildung: Wer sich bildet, altert deutlich langsamer. Wer es ein Leben lang tut, bleibt ein Leben lang jung. Menschen ohne höheren Schulabschluss haben eine um 30 Prozent erhöhte Wahrscheinlichkeit, vorzeitig zu sterben, und wer einen Hochschulabschluss hat, wird statistisch am ältesten. Durch die bessere Bildung werden Risiken früher bewusst und können vermieden werden. Gebildete Menschen achten außerdem deutlich mehr auf Hygiene, vor allem Psychohygiene, also auf einen optimalen Umgang mit Ärger, Stress und Angst.

Menschen mit einem niedrigeren Bildungsgrad haben dagegen ein achtmal höheres Risiko, nikotinabhängig zu werden, neigen eher zu Übergewicht und zu falscher Ernährung. Menschen, die sich ständig weiterbilden, haben die besten Aussichten, gesund und jung alt zu werden. Sie sind besser informiert, treiben mehr Sport, ernähren sich gesünder und vermeiden vor allem Gewohnheiten, die das Altern beschleunigen.

Gesundheit ist daher keine Frage des Schicksals, sondern der persönlichen Entscheidung und die Gesunderhaltung von Körper und Geist ein ständiger, nie endender Prozess.

New-Aging – Jung bleiben beim Älterwerden

Das »Baujahr« unseres Körpers müssen wir akzeptieren, ebenso unsere genetische Disposition, aber was wir mit unserer Lebensführung daraus machen, liegt ganz in unserer Hand. Wir können unser biologisches Altern verzögern oder beschleunigen, ja, sogar teilweise rückgängig machen.

Die so genannten »Alters- und Verschleißkrankheiten« kommen weder vom Alter noch vom Verschleiß, sie sind die Rechnung für unsere Jugendsünden. Nur die langen »Inkubationszeiten« zwischen ernährungs- und verhaltensbedingten Krankheiten und ihrem In-Erscheinung-Treten verschleiern den wahren Zusammenhang. Die so genannten Alterskrankheiten haben nur insoweit etwas mit dem Alter zu tun, als sie zu ihrer Entwicklung Jahrzehnte brauchen und deshalb meist erst im Alter auftreten. Das Alter ist daher nicht schuld an den Alterskrankheiten. Im »Tagebuch unseres Körpers« steht unsere wahre Lebensgeschichte verzeichnet – doch erst im Alter kann man sie lesen. Es ist keineswegs Schicksal, im Alter krank zu sein, nicht einmal alt zu sein.

Denken Sie immer daran: Wenn wir geboren werden, hat unser Körper eine natürliche Lebenserwartung von etwa 120 Jahren, und wir haben 100 Prozent Organfunktion. Durch unnatürliche Verhaltensweisen und vor allem Gewohnheiten wird laufend etwas von unserem Lebenserwartungskonto abgebucht. Jeder Ärger, jeder Stress, jede Angst usw. verbraucht einen Teil unserer Lebenszeit. Außerdem wird dadurch auch noch unsere Organfunktion gemindert. Das merken wir zunächst nicht, bis wir 30 Prozent Organfunktion erreicht haben, dann aber ist es auch schon zu spät.

Da es völlig normal sein sollte, 100 bis 120 Jahre alt zu werden, braucht unser Körper eine entsprechende Prophylaxe. So wird die Gesundheitserziehung in Zukunft einen immer größeren Raum einnehmen und letztlich die entscheidende Rolle in unserem Gesundheitssystem der Zukunft spielen.

Dann erkennen wir auch, dass wir gar nichts tun müssen, um unser Leben zu verlängern, sondern nur aufhören sollten, es unnötig zu verkürzen. Wenn wir uns natürliche Lebensgewohnheiten zulegen und im Ein-Klang mit unserem Körper und der Natur leben, dann können wir unsere natürliche Lebensspanne voll ausschöpfen und bis ins hohe Alter gesund und vital bleiben. Nicht der Körper lässt uns im Stich, wir lassen unseren Körper im Stich. Denken Sie sich jung, dann bleiben Sie auch jung.

Sie entscheiden, ob das Alter Sie prägt oder ob Sie bewusst Ihr Alter prägen. Erfahren Sie, wie Sie Ihren Alterungsprozess hinauszögern, Ihre Lebenserwartung steigern und 30 Jahre länger jung bleiben können: durch New-Aging!

Die sechs Säulen des New-Aging sind:
- Jungbrunnen Ernährung
- Jungbrunnen Bewegung
- Jungbrunnen Harmonische Beziehung
- Jungbrunnen Wohlstand und Erfolg
- Jungbrunnen Innenweltreinigung
- Jungbrunnen Bewusstsein

New-Aging richtig angewandt führt dazu, dass Sie schon in drei Wochen eine bemerkenswerte Verbesserung Ihrer Gesundheit und Vitalität feststellen, und Sie bewahren sich diese Jugendlichkeit dann mindestens bis zu Ihrem 100. Lebensjahr.

New-Aging heißt auch, die mentalen Schritte zu einem erfüllten Leben zu kennen und zu praktizieren. Dazu gehört der optimale Gebrauch unseres »Denkinstrumentes«, das bedeutet, ganzhirnig, holistisch oder universell denken zu lernen. Und optimistisch zu leben, denn Optimisten leben deutlich länger. Gute Laune erhält das Immunsystem jung und gesund und reduziert oder verhindert Allergien.

Dazu gehört auch, das Leben nicht als lästige Pflicht oder gar als Belastung zu erleben, sondern als ein faszinierendes Abenteuer.

Die drei Aspekte des New-Aging sind:

- Das Falsche lassen

- Das Richtige tun

- Optimal SEIN als lebendige Erfahrung der eigenen Wirklichkeit und leben in der natürlichen Gutheit

Was eine Krankheit bedeutet

Krankheit ist *immer* ein Ausdruck eines Problems, genauer einer Aufgabe, die es zu lösen gilt. Die Krankheit zeigt eine Unfähigkeit oder Unwilligkeit an, auf bestimmte Anforderungen des Lebens lebensgerecht zu reagieren.

Das Symptom ist daher nicht die Krankheit selbst, sondern nur die Botschaft der Krankheit. Das Symptom macht uns lediglich auf eine bestimmte Fehlhaltung aufmerksam und fordert uns zu einer Korrektur auf. Jede Krankheit zeigt immer nur, dass wir uns gerade nicht lebensgerecht verhalten. Dabei kann nicht nur der Körper krank werden, sondern diese Störung zeigt sich auch im Beruf, in der Partnerschaft und in der wirtschaftlichen Situation. Krank sein kann man auf vielen Ebenen.

Aber auf jeder Ebene geht es nicht darum, das Symptom zu beseitigen, sondern die Ursache dahinter, um damit das Symptom unnötig zu machen. Sobald die Botschaft erkannt und befolgt wurde, verschwindet das Symptom ganz von selbst, so wie es gekommen ist. Das Symptom ist für Sie nur in dem Sinne wichtig, dass es Sie wie ein Fingerzeig in die richtige Richtung weist. Dann liegt es an Ihnen, etwas zu unternehmen und die Krankheit selbst zu heilen.

Die Tragödie des Alters besteht nicht darin, dass man alt ist, sondern dass man jung ist und in einem alten Körper steckt. Unsere Lebensspanne hat sich in den letzten 100 Jahren verdoppelt, die Gesundheitsspanne hat sich nicht verändert. Wir sind selbst verantwortlich dafür, wie alt wir

werden und in welcher Qualität wir das erleben! Gesundheit ist ein wichtiges Lebenskapital, um seine Wünsche zu
erfüllen und seine Lebensabsicht verwirklichen zu können. Bei aller Vielfalt der Möglichkeiten gibt es einige wirksame Schritte, mit denen man seine Gesundheit in jedem
Alter entscheidend verbessern und lange erhalten kann.
Den einen drückt mit 60 schon die Last des Alters, der andere hat mit 80 noch Lust auf viele zusätzliche Jahre. Die
eigentliche Krankheit ist nur das letzte Glied einer langen
Kette von Unwissenheiten, falschem Bewusstsein und daraus resultierendem falschem Verhalten.

Haben wir gelernt, jede Lebenssituation und ganz besonders jedes Symptom zu hinterfragen, eröffnet sich ein
ganz neuer Weg. Sobald wir die Sprache der Symptome
und die Botschaft des Körpers verstehen, erkennen wir,
dass jede Botschaft nur dazu dient, uns auf unserem individuellen Weg ein Stück weiterzubringen. Schön, wenn
wir die Botschaft gleich auf der ersten Ebene verstehen,
auf der Ebene des Irrtums und des daraus resultierenden
Fehlverhaltens, denn dann kommt es gar nicht erst zu einer Notlage im Körper, und schon gar nicht zu einem
Symptom. Heilen ist im Grunde ein Erinnern an die innewohnende Harmonie, um wieder zu leben, wie wir von der
Schöpfung »gemeint« sind.

Geschieht das alles nicht, erfolgt letztlich eine Heilung
durch den Tod. Er ist eine Transformation, der sich keiner
entziehen kann. Ergreift der Mensch immer wieder nur
halbe Maßnahmen, die keine vollkommene Veränderung
herbeiführen können, bleibt irgendwann kein Platz mehr

für Kompromisse, und der Tod führt diese vollkommene Veränderung zuverlässig herbei.

Das sichtbar und spürbar gewordene Symptom ist nur das vorletzte Glied dieser Kette. Leider befasst sich die Medizin nur mit diesem vorletzten Glied, das ja eigentlich der Ausdruck der Bemühungen des Körpers ist, die eigentliche Krankheit zu überwinden. Am Anfang steht eine Ursache. Die Ursache liegt immer im Bewusstsein und wird sichtbar als Verhalten. Das Verhalten führt zu Unstimmigkeiten im Körper und, wenn die nicht erkannt und beseitigt werden, zu einer Notlage. Erst wenn auch die nicht erkannt und beseitigt wird, tritt das Symptom in Erscheinung. Die Notlage entsteht oft aus einem Überfluss von Falschem, z. B. von Kalorien, und einem Mangel am Notwendigen, z. B. von Vitaminen, Mineralstoffen und Spurenelementen. Auf der seelischen Ebene besteht die Notlage in einem ungelösten Konflikt oder einem unerfüllten Verlangen.

Ein Fehler wäre es natürlich auch, zu versuchen, bei der Heilung den alten Zustand wiederherzustellen, denn der war es ja gerade, der die Krankheit notwendig gemacht hat. Eine wirkliche Heilung führt über die Ein-Sicht zu einer Erweiterung des Bewusstseins und der Hinführung zum wahren Sein.

Weder das biologische Altern noch Krankheiten sind eine natürliche Notwendigkeit. Unsere tägliche Nahrung ist ein stark wirkendes Medikament, aber sie enthält auf Grund unserer überdüngten Böden längst nicht mehr alle lebenswichtigen Mikronährstoffe, die wir für die optimale

Funktion unseres Stoffwechsels brauchen, wie Vitamine, Mineralien, essenzielle Aminosäuren und ungesättigte Fettsäuren.

Geben wir unserem Körper nicht die notwendigen Baustoffe, kann er nicht optimal funktionieren und wird vorzeitig altern. Altern schreitet dort am schnellsten fort, wo Mangelerscheinungen am größten sind und am häufigsten auftreten.

Bio-Tuning

Jeder kann bis ins hohe Alter gesund, leistungsfähig, voller Energie, geistig und körperlich fit sein und bleiben. Aber nur wer diese Einsicht gewonnen hat, kann daraus eine entsprechende Absicht entwickeln. Erst wenn Sie Ihren momentanen Zustand akzeptieren und dann loslassen, kann sich Ihr Körper zum Idealkörper entwickeln.

Bio-Tuning ist die Wissenschaft vom Leben. Im Bio-Tuning wird uralte Naturheilkunde mit den neuesten medizinischen Erkenntnissen verbunden.

Tuning hat nichts mit Doping zu tun. Doping heißt »aufputschen«, Tuning dagegen bedeutet »Feinabstimmung«. Tuning meint, die körperlichen und geistigen Funktionen auf natürliche Art in Ein-Klang zu bringen, so dass das »Werkzeug Körper« optimal funktionieren kann. Sie können dadurch Ihre persönliche Bestleistung bis ins hohe Alter bewahren und noch weiter steigern.

Wissen Sie noch, wie Sie sich als Kind gefühlt haben?

Sie hatten grenzenlose Energie. Diesem Zustand, in dem es sich so viel leichter und angenehmer leben lässt, können Sie sich in jedem Alter wieder annähern.

Jeder Mensch hat in Wirklichkeit fünf Alter: zum einen das chronologische Alter, das in Ihrem Personalausweis steht. Dann ist da Ihr biologisches Alter, die Folge Ihrer Lebensgewohnheiten, das im »Tagebuch Ihres Körpers« verzeichnet ist.

Des Weiteren gibt es Ihr psychisches Alter, das emotional gefühlte Alter und schließlich Ihr mentales Alter, die Frische Ihres Geistes. Erst alle zusammen ergeben Ihr tatsächliches Alter.

Durch Bio-Tuning können Sie Ihr tatsächliches Alter verändern, so dass Sie eines Tages, nach einem erfüllten Leben, einen gesunden Körper bewusst verlassen, ohne Altersbeschwerden je kennen gelernt zu haben.

Sie sind so jung, wie Sie sich fühlen

Niemand muss alt aussehen, sich alt fühlen und sich alt verhalten, wenn er sich nicht dazu entschließt. Das erkennbare Altern eines Menschen an Geist, Seele und Körper ist die Folge einer meist unbewussten mentalen, psychischen und physischen Entscheidung des Menschen. Wir sehen, wie die Menschen in unserer Umgebung altern, akzeptieren das als anscheinend unvermeidbar und entscheiden uns, mit den Jahren auch älter zu werden. Es gibt wissenschaftlich keinen Grund zu der Annahme, dass eine zittrige Hand, ein unsicherer Gang und ein sich verengender geistiger Horizont ab einem bestimmten Alter unvermeidbar sind. Diese Symptome werden durch eine mangelnde geistige und körperliche Betätigung verursacht und nicht durch ein bestimmtes Alter.

Nur wenige erkennen, dass es unsere Überzeugungen sind, die unser Leben gestalten, wir aber können unsere Überzeugungen bestimmen. Ihr Körper spiegelt nur Ihre Überzeugungen wider.

Aus diesen Überzeugungen entstehen auch unsere Gewohnheiten. Wenn wir etwas ändern wollen, heißt das Geheimrezept Beharrlichkeit. Denk- und Verhaltensmuster laufen automatisch ab, wie ein Programm. Sie werden normalerweise nicht mehr überprüft und korrigiert, bis wir das ganz bewusst tun. Dann entdecken wir, dass viele dieser Verhaltensmuster längst überholt sind und unser heutiges Leben nur noch stören. Aber sie können jederzeit geändert und als neue erwünschte Gewohnheiten »verankert« werden – durch mehrfache Wiederholung. Negatives Denken ist eine Krankheit, denn es nimmt uns die Chance, gesund und harmonisch zu leben. Mit negativen Gedanken bestrafen wir uns ständig selbst. Positives Denken und Gesundheit bedingen einander.

Positives Denken heißt nicht, sich vom Negativen abzuwenden, es nicht mehr sehen zu wollen. Positives Denken heißt vielmehr, zu erkennen, dass alles, und gerade das Unangenehme und Schmerzhafte, Ihnen helfen will und Sie auf eine notwendige Änderung aufmerksam macht. Positives Denken heißt, zu erkennen, dass es das Negative gar nicht gibt, sondern nur das »unangenehme Gute«, das man selbst notwendig gemacht hat.

Natürlich ist es hilfreich, wenn Sie Ihrem Körper auch die für die Erhaltung der Gesundheit erforderlichen Bausteine geben, Vitamine, Mineralien und Spurenelemente, denn ein Haus kann man auch nicht allein durch geistige Vorstellung bauen. Auch für den täglichen Betrieb ist Ihr Körper für »Superkraftstoff« dankbar. Sie erleben so die Reife des Alters und jugendliche Vitalität und Lebensfreude. Wann immer Sie an sich denken, »sehen« Sie sich in dem Alter, in dem Sie sich am wohlsten fühlen, und gestatten Sie Ihrem Körper, genau das als Ihre erlebte Realität zu verwirklichen. Werden Sie so mit jedem Tag jünger und lassen Sie die Zeit für Sie arbeiten.

Alter muss also nicht einhergehen mit dem Verlust der Lebensfreude und geistigem und körperlichem Verfall, sondern Sie können gesund und vital bleiben, bis Sie diesen Körper verlassen.

Ihr Körper verwirklicht im Rahmen seiner genetischen Möglichkeiten Ihr Bild vom Alter, und das können und sollten Sie optimieren. Bewusst optimieren heißt, sich immer wieder das neue Bild vom Alter bewusst zu machen, sich nicht von der erlebten Realität der anderen irritieren zu lassen und sich selbst immer wieder gesund, jung und vital zu »sehen«. Ihr Unterbewusstsein reagiert vor allem auf Wiederholung. Nur so wird das bisherige Bild vom Alter gelöscht und das neue erwünschte Bild als innere Wirklichkeit geglaubt. Dabei sollten Sie aber nicht nur das körperliche Bild ändern, sondern auch das geistige und seelische, sich also in der Ganzheit jung, gesund und vital erleben.

In welchem Alter ist man alt? Das ist keine Frage des Alters, sondern der inneren Einstellung. Denn man ist so alt, wie man sich fühlt.

Zeit ist ohnehin eine Illusion, eine Sichtweise Ihres Bewusstseins, und hat nur so viel Macht, wie Sie ihr geben. Lassen Sie sich auch nicht mehr einreden, dass man mit jedem Jahr älter wird. Tatsächlich vergeht nur ein Jahr, und es beginnt sofort ein neues, denn Ihre Körperzellen erneuern sich laufend, und in einem Jahr haben Sie einen ganz neuen Körper, der Ihrem inneren Bild entspricht. Das ist die natürliche »Selbstverjüngung«. In der Bibel heißt es, wir sind geschaffen nach dem Ebenbild Gottes. Glauben Sie, dass Gott mit der Zeit älter wird? Aber es genügt nicht, dem zuzustimmen, sondern wir sollten dieses Ebenbild Gottes in uns verwirklichen. Am besten, indem wir uns dies jeden Abend und jeden Morgen bewusst machen!

New-Aging bedeutet vor allem, zu Bewusstsein zu kommen und zu leben als Bewusstsein. Als Bewusstsein können Sie nicht krank werden, denn Bewusstsein *kann* sich kein Bein brechen oder einen Schnupfen bekommen, Bewusstsein *ist* immer vollkommen gesund. Sobald Sie als dieses vollkommen gesunde Bewusstsein Ihren Körper bewohnen und mit diesem Bewusstsein erfüllen, beginnt der Körper zu heilen und spiegelt vollkommene Gesundheit wider. Denn der Körper ist ein Spiegelbild Ihres Bewusstseins. Das heißt auch, alterslos zu leben, denn Bewusstsein ist ohne Alter.

Die Medizin der Zukunft

Die höhere Lebenserwartung der Menschen täuscht eine bessere Gesundheit vor. Tatsächlich sind wir nur länger krank.

Die heutige »moderne« Medizin ist symptomorientiert und strebt eine wirkliche Prophylaxe gar nicht an, sondern lässt Krankheiten ungehindert entstehen und behandelt sie dann mit hohem Kostenaufwand. Lebenserwartung ist nicht gleich Gesundheitserwartung. Was nützt es jedoch, wenn wir lange leben, aber ständig krank sind?

Vor allem verwechselt die heutige Schulmedizin Früherkennung und Prophylaxe. Die Früherkennung einer beginnenden Krankheit ist keine Prophylaxe, sondern zeigt gerade das Fehlen der Prophylaxe.

Um 1900 starb noch jeder 30. Mensch an Krebs, 1920 jeder 15., 1950 jeder sechste, 1960 jeder fünfte und zurzeit jeder vierte. Das sollte doch aufmerksam machen. Vor 100 Jahren waren Herzinfarkte so selten, dass die meisten Ärzte während der Ausbildung nicht einen einzigen zu Gesicht bekamen. Heute ist Herzinfarkt die häufigste Todesursache überhaupt.

Lange Zeit war es die Aufgabe der Medizin, bestehende Schäden zu beseitigen und Krankheiten zu heilen. Fast unmerklich geschieht inzwischen ein Wandel, von der »Reparaturmedizin« hin zur Vorsorgemedizin. Dabei geht es nicht nur darum, das Leben zu verlängern, sondern dessen Qualität zu steigern und es lebenswerter zu machen.

Der wichtigste Grundsatz dabei ist: »Wehret den Anfängen.« Da der Körper bereits mit 17 abzubauen beginnt, wäre das auch der ideale Zeitpunkt für Maßnahmen zur optimalen Erhaltung des Körpers, um dem Leben mehr Jahre zu geben, aber auch den Jahren mehr Leben.

Die Medizin der Zukunft wird in erster Linie eine Prophylaxe sein, um ein Symptom überflüssig zu machen und die natürliche Gesundheit zu erhalten. Sie wird vor allem eine »energetische« Medizin sein, die disharmonische Schwingungen erkennt, verändert und sogar verhindert.

Bevor diese Medizin der Zukunft Wirklichkeit werden kann, ist eine große Hürde zu beseitigen. Alle großen wissenschaftlichen Entdeckungen der Vergangenheit wurden von der Schulmedizin zunächst mit allen Mitteln bekämpft und deren Vertreter als Scharlatane abqualifiziert. Das geschah mit Kochs Bakteriologie, bei deren erstmaliger Vorstellung der damalige Medizinpapst Virchow den Kongress verließ, mit den Worten: »So ein Unsinn, kleine Tierchen sollen Krankheiten verursachen.« Ebenso erging es Dr. Semmelweiß' Entdeckung der Aseptik, die die Kindbettsterblichkeit sofort drastisch reduzierte, sowie der Entdeckung der Narkose, die anfangs abgelehnt wurde, weil die etablierten Chirurgen meinten, das Schreien der Patienten gehöre nun mal dazu, bis ein gütiges Schicksal sie vor Schmerzen ohnmächtig werden ließ. Der Fortschritt der Schulmedizin ist zu einem großen Teil denen zu verdanken, die von ihr bekämpft werden.

Aber ich bin sicher, dass eine Zeit kommen wird, in der gerade die alternativen Behandlungsmethoden bevorzugt werden, während die Behandlung mit Chemie und Be-

Sie sind so jung, wie Sie sich fühlen   43

Die sieben großen Entdeckungen der Medizin

- Die erste große Entdeckung der Medizingeschichte: Krankheit gehört nicht zum »normalen« Leben.

- Die zweite große Entdeckung der Medizingeschichte: Hinter *jeder* Krankheit steckt immer eine Ursache.

- Die dritte große Entdeckung der Medizingeschichte: *Jede* Krankheit ist in Wirklichkeit eine Botschaft des Körpers und eine Bitte um Hilfe.

- Die vierte große Entdeckung der Medizingeschichte: Krankheiten lassen sich vorhersagen.

- Die fünfte große Entdeckung der Medizingeschichte: Krankheiten lassen sich vermeiden.

- Die sechste große Entdeckung der Medizingeschichte: Altern *ist* eine Krankheit.

- Die siebte große Entdeckung der Medizingeschichte: *Alle* Krankheiten lassen sich heilen. Das Heilmittel heißt: Prophylaxe und Ein-Sicht.

- Die nächste große Entdeckung der Medizingeschichte könnte sein: Bewusstsein ist der entscheidende Faktor für Gesundheit und ein langes Leben.

strahlung als »veraltet« abgelehnt wird. Und damit wäre die Kostenexplosion im Gesundheitswesen sofort gestoppt, ja, sie würde zur »Implosion«. Die Medizin der Zukunft wird eine ganzheitliche Medizin sein, die diesen Namen verdient, weil wieder der ganze Mensch im Mittelpunkt stehen wird und nicht die Bekämpfung eines Symptoms.

In naher Zukunft wird es selbstverständlich sein, über 100 Jahre alt zu werden, und viele werden sogar ihren 120. Geburtstag erleben. Dazu braucht der Körper aber eine entsprechende Prophylaxe. In Zukunft wird es nicht mehr genügen, zum Arzt zu gehen, wenn wir krank sind, sondern wir sollten schon vorher etwas tun! In jedem Augenblick haben Sie die Wahl, durch eine bessere Entscheidung ein ganz neues Leben zu beginnen. Sorgen Sie dafür, dass Sie erst gar nicht in die Situation kommen, in der Sie krank sind und Medizin benötigen – achten Sie auf sich und Ihren Körper, und Sie werden ohne großen Aufwand gesund und vital alt werden.

Nehmen Sie Ihre Gesundheit ernst?

Machen wir einen kleinen Test. Prüfen Sie einmal, was Ihnen wirklich wichtig ist. Schreiben Sie die zehn wichtigsten Dinge Ihres Lebens auf. Es können aber auch ein paar mehr werden. Wenn Sie alles haben, was Ihnen im Leben wirklich wichtig ist, dann streichen Sie weg, worauf Sie noch am ehesten verzichten können. Wiederholen Sie das, bis Sie nur noch drei Einträge übrig haben.

Ich bin sicher, dass Gesundheit dabei ist, weil Sie ohne Gesundheit das Leben nicht wirklich genießen können.

Wenn dem aber so ist, dann sollten Sie etwas für Ihre Gesundheit tun. Die Ergebnisse werden umso besser sein, je eher Sie damit beginnen. *Jetzt* wäre ein guter Zeitpunkt.

Selbstmord auf Raten: Rauchen

Kennen Sie die folgende Anekdote?

> Ein Reporter interviewte drei sehr alte Männer und befragte sie nach dem Geheimnis ihres Altwerdens. Der erste sagte: »Ich habe stets hart gearbeitet und jeden Tag in Ruhe ein Pfeifchen geraucht.« – »Und wie alt sind Sie?«, fragte der Reporter. »Ich bin 98.« Der zweite sagte: »Ich habe immer mäßig gegessen und regelmäßig Sport getrieben, bis heute.« – »Und wie alt sind Sie?«, fragte der Reporter. »Ich bin 99.« Der dritte sagte: »Ich bin Kettenraucher und habe noch nie Sport getrieben. Ich hasse Bewegung und alle Gesundheitsregeln.« – »Und wie alt sind Sie?«, fragte der Reporter. »Ich bin 46.«

Die Schäden, die das Rauchen der Gesundheit zufügt, sind bekannt und ebenso, dass es das Leben zuverlässig verkürzt, und zwar um durchschnittlich acht Jahre.

Raucher glauben, dass die katastrophalen Auswirkungen des Rauchens übertrieben werden, aber das Gegenteil ist der Fall. Es besteht kein Zweifel mehr, dass das Rauchen zur Todesursache Nummer eins geworden ist.

Ein Raucher denkt, wenn er bisher davongekommen ist, dann wird eine weitere Zigarette schon nicht schaden. Tatsächlich setzen Sie mit der ersten Zigarette eine Zündschnur in Brand, und mit jeder weiteren Zigarette kommen Sie der Explosion der Bombe einen Schritt näher. Jede Zigarette kann die letzte sein, denn woher wollen Sie wissen, wie lang die Zündschnur noch ist?

Sie zahlen also einen hohen Preis für das Rauchen, aber was bringt es Ihnen eigentlich wirklich? Ist der hohe Preis gerechtfertigt? Was tut das Rauchen für Sie? Absolut nichts, außer Ihnen massiv zu schaden. Warum müssen Sie rauchen? Sie müssen gar nicht, Sie bestrafen nur sich selbst. Lassen Sie nicht länger zu, dass Sie viel Geld ausgeben, um sich zu schaden, Ihr Leben um viele schöne Jahre zu verkürzen und sich vorzeitig mit Krankheit zu belasten.

Was passiert beim Rauchen? Jeder Zug an der Zigarette setzt etwa eine Million freie Radikale frei, »Gesundheitsterroristen«, die sogleich mit der Zerstörung beginnen, außerdem Kohlenmonoxid, das einen Teil der Sauerstofftransportkapazität der roten Blutkörperchen blockiert, wodurch die Sauerstoffversorgung mangelhaft wird. Andere Inhaltsstoffe verengen die Blutbahnen, was zu Durchblutungsstörungen und dem bekannten Raucherbein führt. Die mangelnde Durchblutung des Herzens verursacht Angina Pectoris, und die Verengung der Hirngefäße kann zu einem Schlaganfall führen. Außerdem führt das Rauchen zu einer Senkung des wichtigen HDL-Cholesterins, das vor Arteriosklerose schützt. Zudem begünstigt das Rauchen auch noch die Zusammenballung der Blutplättchen (Thrombozyten) und damit die Bildung von Blutgerinnseln. Nicht zu vergessen, schwächt das Rauchen das Immunsystem, und man wird anfälliger für Infektionen aller Art. Auch die Makuladegeneration wird begünstigt, und vor allem erkranken Raucher auch noch häufiger an Diabetes, der Zuckerkrankheit.

Tun Sie also etwas für Ihren Körper, bevor Ihr Körper nichts mehr für Sie tut. Schon einen Tag nach der letzten Zigarette sinkt das Herzinfarktrisiko, und nach zwei Jahren ist es fast auf die Werte eines Nichtrauchers abgesunken.

Die freien Radikale

Stellen Sie sich vor:

- Sie vertragen alles gut, was Sie essen, und bleiben dabei vollkommen schlank, und Ihr Körper scheidet alles, was er nicht benötigt, mühelos aus.
- Sie schlafen abends leicht ein, schlafen die ganze Nacht tief und fest durch und wachen jeden Morgen taufrisch und bärenstark auf und freuen sich auf einen neuen Tag.

- Sie merken frühestens mit 80, dass Sie beim Tennis nicht mehr ganz so schnell sind wie früher, spielen aber immer noch beachtlich gut und können jederzeit mit Freude die halbe Nacht durchtanzen.

- Sie haben so gut wie nie irgendwelche Symptome, fühlen sich blendend und sehen jünger aus als noch vor fünf Jahren.

- Ihr Denken ist klar und Ihr Gedächtnis absolut zuverlässig.

- Ihre Blutwerte sind die eines Vierzigjährigen und Ihre Arterien vollkommen frei.

- Sie sprühen vor Lebensfreude und haben so viel Energie, dass Sie gar nicht wissen, wohin damit. Sie sind so leistungsfähig wie nie zuvor und arbeiten unglaublich effektiv.

- Ihr Körper macht Ihnen Freude und erhält sich ganz von selbst gesund und vital, so dass das Datum in Ihrem Ausweis ohne jede Bedeutung ist.

- Das Leben ist ein einziges Abenteuer, das Sie frohen Herzens genießen.

Noch vor ein paar Jahren wäre das ein unerfüllbarer Traum gewesen, aber die medizinische Forschung hat unglaubliche Fortschritte gemacht. Das Zauberwort heißt Prophylaxe. In wenigen Tagen können Sie spüren, was das für Sie bedeuten kann, und erleben, wie Ihr Traumkörper Wirklichkeit wird und Ihnen bis ins hohe Alter Freude macht. Zellen könnten unendlich alt werden, wenn sie in einem optimalen Milieu leben. Sie müssen sich aber selbst ersetzen, wenn sie durch freie Radikale geschädigt wurden. Je öfter dies passiert, desto kürzer ist die Lebensspanne der Zelle und umso höher das Risiko von degenerativen Erscheinungen. Wir altern und sterben letztlich, weil die mit der Zeit zunehmenden Verschleißerscheinungen durch freie Radikale nicht mehr vollständig repariert werden können.

Was ist ein freies Radikal? Es ist ein Molekül, das eines von seinen elektrisch geladenen Elektronen verloren hat. Um sein Gleichgewicht wiederherzustellen, stiehlt es ein Elektron von einem anderen Molekül und löst damit ein molekulares Chaos aus, denn nun versucht das geschädigte Molekül seinerseits, irgendwo ein Elektron zu stehlen, und macht damit dieses zu einem freien Radikal. Freie Radikale sind also »Stoffwechselterroristen«, molekulare Raubritter.

Antioxidantien dagegen sind Moleküle, die ein Elektron abgeben können, ohne selbst instabil zu werden, aber sie werden dabei verbraucht und müssen ständig ersetzt werden. Wir brauchen daher ununterbrochen neue Antioxidantien, um das Altern und Krankheiten zu vermeiden.

Wenn ausreichend Antioxidantien vorhanden sind, erfahren unsere Zellen weniger Schäden und müssen weniger oft erneuert werden. Mit Antioxidantien geben Sie Ihrem Körper ein starkes Jugendelixier. Hochwirksame Antioxidantien sind: Vitamin C, E, Beta-Karotin, Grüner Tee, Rotwein, Melatonin, DHEA, die B-Vitamine und L-Carnitin, OPC, Magnesium und Glutathion.

Ein Überschuss an freien Radikalen führt aber auch zur Bildung von »Advanced Glycation Endproducts«, so genannten AGE. Das sind Stoffwechselschlacken aus Fetten und Zucker, die durch die Einwirkung von freien Radikalen zu unlöslichen Verbindungen verschmelzen. Sie blockieren den Zellstoffwechsel und lassen die Zellen schneller altern und vorzeitig absterben.

Diese AGE zeigen sich als so genannte »Alters- oder Pigmentflecken« und lagern sich nicht nur auf der Haut ab, sondern auch in den Adern im Auge und im Gehirn, und das führt dann zu Herz-Kreislauf-Erkrankungen wie Arteriosklerose und Herzinfarkt. Antioxidantien verhindern, dass freie Radikale Fette und Zucker zu solchen unlöslichen Verbindungen verschmelzen.

Je geringer unsere Kalorienaufnahme, desto weniger freie Radikale werden produziert, weil der Körper für den Stoffwechsel weniger Sauerstoff benötigt. Je mehr wir aber essen, desto mehr Sauerstoff ist erforderlich und desto größer sind die Schäden mit der Folge, dass wir schneller altern. Hier liegt unsere größte Chance, das »natürliche« Altern deutlich zu verzögern und bis ins hohe Alter jung zu bleiben. Altern ist daher eigentlich eine Krankheit.

Die Lebensdauer eines Menschen spiegelt das Ausmaß der Schäden durch freie Radikale wider, die sich in den Zellen akkumulieren. Wird der Schaden zu groß, kann die Zelle nicht mehr weiterleben und gibt schließlich auf.

Die Glykierung

Biochemiker, Molekularbiologen und Zellforscher erkennen immer deutlicher die Entstehung und Ansammlung von AGE im Körper als eigentliche Ursache vieler alterstypischer Erkrankungen. AGE wirken wie ein molekularer Klebstoff, der sich überall ausbreitet und allmählich mehr und mehr aushärtet, so dass wir immer unbeweglicher werden. AGE bestehen aus recht langlebigen Proteinen, die mit dem Zuckermolekül Glukose eine bisher unlösliche Verbindung eingehen. Das führt nicht nur wie bereits erwähnt zu Arteriosklerose und Herz-Kreislauf-Erkrankungen, sondern auch zu Bluthochdruck, faltiger Haut, eingeschränkter Lungenkapazität und Gelenkversteifung. Aber auch der Graue Star und die funktionsmindernden Ablagerungen in den Nervenzellen des Gehirns werden dadurch verursacht. Zu alldem werden durch Glykierung Wassereinlagerungen in den Zellen bewirkt, die die Zellfunktion laufend mindern und eine chronische Unterversorgung der Zellen mit Sauerstoff bewirken. Dadurch verfetten die Organe allmählich.

Zucker ist für den Körper ein »toter Stoff«, der den Alterprozess deutlich beschleunigt. Zucker bildet mit Proteinen eine Kollagenvernetzung, die das Bindegewebe schneller altern lässt. Durch die Verarbeitung der Glykose entwickelt der Körper eine gewisse Toxizität.

Durch die allgemeine Verzuckerung der Insulinrezeptoren werden außerdem Zuckererkrankungen verschlimmert. Wir altern, weil wir innerlich verzuckern. Des Weiteren werden die Nervenmembranen gestört, was zu Herz-rhythmusstörungen und Gleichgewichtsproblemen führt. Eine höhere Zuckerkonzentration im Darm verursacht eine stärkere Gärung, wodurch Blähungen und ein ständiges Völlegefühl entstehen. Die Darmflora wird so beeinträchtigt, dass chronische bakterielle Erkrankungen und Pilzinfektionen begünstigt werden. Nach und nach zerstören diese Substanzen die Zellen, was zunächst zu einer Dysfunktion des Zellstoffwechsels führt und letztendlich mit dem Zelltod endet.

Sie sollten aus all diesen Gründen nach Möglichkeit die Finger von Zucker lassen. Schaden Sie Ihrem Körper nicht, indem Sie ihm bewusst einen Stoff zuführen, der wie Gift wirkt! Wie Sie sich stattdessen gesund und bewusst richtig ernähren, erfahren Sie im folgenden Abschnitt.

Jungbrunnen Nahrung – Mit der richtigen Ernährung jung, fit und gesund bleiben

Gesundheit kann man essen

Seit Urzeiten suchen die Menschen an den verstecktesten Plätzen dieser Welt nach dem Jungbrunnen und forschen nach den kompliziertesten Rezepturen. Sie übersehen dabei, dass die Lösung so nah liegt und so einfach ist.

Wenn wir für immer gesund sein wollen, sollten wir uns zunächst dem Naheliegendsten zuwenden: der Ernährung. Hier sollten wir ganz bewusst von *Nahrungs*mitteln zu wirklichen *Lebens*mitteln wechseln.

Essen ist die stärkste Droge, die wir noch dazu regelmäßig mehrmals täglich zu uns nehmen. Das richtige Essen gibt uns Energie, beeinflusst unsere Gedanken und unsere Stimmung. Es schenkt uns Gesundheit und Vitalität und verzögert das Altern. Da unser Körper nur aus der Nahrung die Bausteine für seine Erhaltung bekommt, sollte nicht ein so kleiner Körperteil wie die Zunge über die Nahrungsauswahl bestimmen, sondern die Vernunft. Denn man kann nicht nur Gesundheit essen, sondern auch jugendliche, frische Lebensfreude und klares Bewusstsein. Falsche Nahrung dagegen verursacht den größten Teil unserer »Innenverschmutzung«. Falsche Ernährung gefährdet Ihre Gesundheit. Meiden Sie Nahrungsmittel, die Sie vorzeitig altern lassen oder gar langsam umbringen. Sie brauchen bei Ihrer täglichen Nahrung Ausgewogenheit. Ein Zuviel von etwas ist nutzlos, solange ein Zuwenig von etwas anderem besteht.

Das Wichtigste, was Sie tun können, um bis ins hohe Alter gesund und vital zu bleiben: Essen Sie so viel Obst und Gemüse, wie Sie können, mindestens fünf Portionen am Tag. Durch nichts anderes können Sie mehr für Ihre Gesundheit und Vitalität tun. Obst und Gemüse enthalten unzählige bekannte und unbekannte Wirkstoffe, die Ihren Körper jung und vital erhalten.

Ich bevorzuge: Ananas, Aprikosen, Avocado, Bananen, Feigen, Kartoffeln, Khaki, Mango, Melonen, Nüsse, Papaya, Rosinen und Salate.

Essen Sie wöchentlich mindestens zwei bis drei Mal Fisch. Fettreiche Fische wie Lachs, Makrele, Sardinen und Thunfisch, aber auch Heringe enthalten Omega-3-Fettsäuren, die das Altern hemmen.

Trinken Sie viel Grünen Tee, er nützt am meisten gegen das Altern und hält Sie auch geistig fit.

Essen Sie Sojaprodukte und schränken Sie die Kalorienzufuhr ein. Erhalten und bewahren Sie sich so Ihre Traumfigur und machen Sie es sich nicht unnötig »schwer« im Leben. Seien Sie sparsam mit Fleisch und vor allem mit ungesunden Fetten. Essen Sie selten Süßigkeiten und trinken Sie wenig Alkohol. Gesund ist ein Glas Rotwein am Tag.

Wenn Sie es mögen, essen Sie Knoblauch.

Aber statt nur darauf zu achten, *was* wir essen, sollten wir mehr darauf achten, *wie* wir essen, vor allem aber, als *wer* wir essen. Wenn wir »zu Bewusstsein« gekommen sind, dann stimmt auch das, was wir zu uns nehmen.

Richtige Ernährung ist keineswegs eine Wissenschaft, und es ist erstaunlich wenig, was dabei zu beachten ist. Das Ergebnis aber zeigt sich schon nach wenigen Tagen als ein sich ständig steigerndes Wohlgefühl, das den ganzen Körper erfüllt und ganz allmählich dazu führt, dass Sie eine Traumfigur bekommen und Sie sich wie ein neuer Mensch fühlen. Ein Schritt genügt, und das neue Leben beginnt.

Natürliche Nahrung ist heilkräftige Nahrung. Doch auch diese sollten Sie in Maßen genießen. Denn die »Überfütterung« des Menschen ist eine der Hauptursachen für seinen gestörten Organismus. Die natürliche Lebensweise muss nicht nur »gewusst« werden, sondern durch Wiederholung zur Gewohnheit gemacht werden. Nur sie entspricht unserem »genetischen Gedächtnis«, das nicht gelöscht, sondern nur überlagert wurde. Beginnen Sie bei der Umstellung immer mit dem, was Ihnen am leichtesten fällt, und wiederholen Sie es so lange, bis es zur Gewohnheit geworden ist. Erst dann gehen Sie wiederum zum nächst Leichtesten über.

Den Alterungsprozess bremsen

Manche Völker kennen bestimmte Krankheiten gar nicht, einfach, weil sie sich anders ernähren, so dass bestimmte Mängel gar nicht erst auftreten. Viele Nahrungsmittel, die wir essen, sind gar keine Nahrungsmittel, sondern »Sättigungsmittel«, weil sie uns zwar satt und dick machen, aber nicht wirklich ernähren. 60 Prozent der Menschen in den so genannten zivilisierten Ländern sind übergewichtig. 80 Prozent aller Krankheiten sind ganz oder vorwiegend ernährungsbedingt. Das Gesundheitsproblem Nummer eins ist falsche Ernährung bzw. einseitige Mangelernährung und zu hastiges Essen.

Ältere Menschen essen meist weniger und verwerten auch noch die Nährstoffe durch das Alter bedeutend schlechter, obwohl sie gerade im Alter wegen der größeren »Reparaturen« viel mehr hochwertiges »Baumaterial« brauchen. Weder das biologische Altern noch Krankheiten sind eine natürliche Notwendigkeit. Unsere tägliche Nahrung ist ein stark wirkendes Medikament, aber sie enthält auf Grund unserer überdüngten Böden längst nicht mehr alle lebenswichtigen Mikronährstoffe, die wir für die optimale Funktion unseres Stoffwechsels brauchen. Gleichzeitig bietet sich aber die Möglichkeit einer optimalen Versorgung mit allen essenziellen Mikronährstoffen wie Vitaminen, Mineralien, essenziellen Aminosäuren und ungesättigten Fettsäuren durch Nahrungsergänzung. Geben wir unserem Körper nicht die notwendigen Baustoffe, kann er nicht optimal funktionieren und wird vorzeitig altern.

Die harmonische Komposition von wertvollen Nah-
rungsbausteinen ist ein hochwirksames Mittel gegen früh-
zeitiges Altern und den Verlust von Vitalität und Lebensfreude. Nichts, was wir mit unserem Körper machen, hat
eine so weit reichende Wirkung wie die Qualität unserer
Nahrung, die wir mehrfach täglich zu uns nehmen und
aus der unser Körper sich letztlich erneuert.

Der Körper besteht aus dem, was Sie essen und trinken.
Er kann deshalb nur so gut sein wie das »Baumaterial«,
das Sie ihm geben. Jugendlichkeit entsteht von innen heraus, aus dem Stoffwechsel. Wenn Sie sich nicht gesund ernähren, ist es gleichgültig, ob Sie sonst alles richtig machen, es wird Ihnen nichts nützen.

Es ist heute nicht mehr möglich, über eine ausgewogene Ernährung alle benötigten Vitalstoffe in ausrei-
chender Menge aufzunehmen. Gleichzeitig braucht unser
Körper auf Grund von Umweltbelastung und Stress aber
immer mehr davon.

Der erste Schritt, den Alterungsprozess zu stoppen oder
vielleicht sogar rückgängig zu machen, besteht darin, seine Ursachen zu verstehen und zu vermeiden. Der wichtigste Faktor ist dabei die zunehmende Ansammlung von
sauren Schlacken, die je nach Ort der Ablagerung unterschiedliche Symptome hervorbringen. Der einfachste Weg
ist wohl, unnötige Säurebelastungen wie Softdrinks zu
meiden und reichlich basisches Wasser zu trinken, so dass
Dehydrierung auf jeden Fall vermieden wird und die bereits angesammelten Stoffwechselschlacken nach und
nach ausgeschwemmt werden. Das erfordert keine An-

strengung oder Überwindung, Sie brauchen nur daran zu denken und es natürlich dann auch zu *tun*. Denn wenn Sie das nur wissen, aber nicht umsetzen, nützt dieses Wissen gar nichts. Dass Säuren den Körper belasten, vorzeitig alt und krank machen, und dass sie durch Basen zuverlässig neutralisiert werden, ist reine Wissenschaft und keine Glaubensfrage. Alter und Jugend liegen in Ihrer Hand!

Sie sollten mäßig essen, kleine Bissen nehmen und vor allem wirklich gründlich kauen. Sie brauchen dabei nicht zu zählen. Der Bissen ist ausreichend gekaut, wenn er flüssig geworden ist. Nur so wird die in der Nahrung gespeicherte »informierte Energie« vollkommen frei. Sie ist das, wovon wir uns wirklich ernähren. Denn wir leben nicht von dem, was wir essen, sondern nur von dem, was wir verdauen. Unser Körper braucht nicht nur Eiweiß, Kohlenhydrate und Fett, sondern vor allem »informierte Energie«. Dann ernähren wir uns wirklich »artgerecht«.

Wir teilen die Nährstoffe in fünf Klassen: Eiweiß, Fett, Kohlenhydrate, Vitamine und Mineralstoffe. Aber ebenso wichtig sind drei weitere, ohne die wir nicht leben können: Wasser, Luft und Licht.

Obst, Beeren, Nüsse, Getreide, Samen und Knollen sind unsere natürliche Nahrung. Sie haben eine besonders hohe Nährstoffdichte. Nur so kann die Symbiose aller Prozesse in unserem Körper optimal ablaufen, vor allem in der Zelle. Ein unnatürlich ernährter Organismus ist wie ein verstimmtes Musikinstrument. Auch der talentierteste Musiker kann darauf nicht einmal eine einfache Melodie spielen.

Die Zerfallsprodukte von tierischem Eiweiß belasten den Organismus, verunreinigen das Gewebe und mindern die Fähigkeit zur optimalen Selbstregulation des Körpers. Und für jedes Gramm tierisches Eiweiß braucht der Körper 40 Gramm Wasser. Bei 100 Gramm Eiweiß sind das vier Liter. Das aber wiederum belastet Herz und Nieren unnötig. Achten Sie also darauf, nicht zu viel Eiweiß zu sich zu nehmen.

Der »Ernährungsberater Körper«

Fast alle Menschen sind heute in unserem Bereich gleichzeitig über-, unter- und fehlernährt. Wir haben zu viel vom Falschen, den Kalorien, die wir mangels körperlicher Anstrengung nicht brauchen, zu wenig vom Richtigen, den Vitaminen, Mineralstoffen und Enzymen, und das, was wir essen, ist bearbeitet, konserviert und damit unnatürlich. Vor allem aber ist es nicht mehr frisch.

Mit jedem Essen nehmen Sie eine starke Medizin zu sich, die in den nächsten vier bis sechs Stunden eine gute, schlechte oder neutrale Wirkung auf Ihren Körper und Ihre Stimmung haben wird. Ihre Nahrung sollte daher möglichst frisch und natürlich sein.

Die meisten Krankheiten beginnen auf dem Teller. Ein Mangel an frischer, lebendiger Nahrung ist eine der Hauptursachen für den Gesundheitsverfall und das zu frühe Altern. Nur lebendige Nahrung versorgt uns mit den notwendigen Vitalstoffen. Leider werden immer mehr Nah-

Bei der Ernährung unterscheiden wir drei Ebenen:

1. Die richtige physische Ernährung: nicht mehr das Falsche zur falschen Zeit im falschen Bewusstsein und zu hastig zu essen.

2. Die richtige psychische Ernährung: vor allem kein Stress, nicht mehr ärgern oder aufregen, uns nicht gegenseitig kränken, sondern Angst und Schuldgefühle aufzulösen und heiter und gelassen durchs Leben zu gehen.

3. Die richtige geistige Ernährung: wirklich positiv zu denken, zu reden und zu handeln, aber auch das Richtige zu lesen, anzuhören und anzuschauen. Mit einem Wort: im wahren Selbst-Bewusst-Sein leben!

rungsmittel bestrahlt, was zu vielfältigen Veränderungen und zu einer Vermehrung der freien Radikale führt. Nur Lebensmittel »leben«, Nahrungsmittel ernähren nur, und Genussmittel befriedigen nur die Zunge.

Fast 98 Prozent Ihres Körpers, einschließlich der DNA, werden jedes Jahr vollständig erneuert, aus dem »Baumaterial«, das Sie Ihrem Körper zur Verfügung stellen. Die Qualität Ihrer Nahrung, ihre Lebendigkeit, Frische und ihre energetische Qualität bestimmen, wie leistungsfähig und widerstandsfähig Ihre neuen Zellen gegen Krankheiten sind. Wenn wir das nicht beachten, ernähren wir uns zu Tode. Sie bekommen jedes Jahr praktisch einen neuen Körper, und Sie entscheiden, wie gut er sein wird.

Zu den ernährungsbedingten Zivilisationskrankheiten zählen besonders alle Stoffwechselerkrankungen wie Übergewicht, Diabetes, Leberschäden, Gallen- und Nierensteine, Gicht usw. Auch die Erkrankungen des Bewegungsapparates wie Rheuma, Arthrose und Arthritis, Wirbelsäulen- und Bandscheibenschäden, Karies und Parodontose sowie die Gefäßerkrankungen wie Arteriosklerose, Herzinfarkt, Schlaganfall und Thrombosen gehören dazu, ebenso die meisten Allergien. Manche Krebsarten, besonders Darmkrebs, mangelnde Infektabwehr, immer wiederkehrende Erkältungen und Entzündungen, wie Nierenbecken- und Blasenentzündung – sie alle finden ihren Ursprung in mangelhafter und falscher Ernährung.

Für mich erscheint es besonders wichtig, einmal am Tag Hunger zu haben, besonders, wenn dann nur *ein* Bissen gegessen wird. Probieren Sie einmal, wie wohl Sie sich bei solchen »Minimahlzeiten« fühlen.

Machen Sie sich auch bewusst, dass zu viele Gläser auf die Gesundheit anderer Ihrer eigenen schaden können.

Ich schätze besonders die große Körperreinigung durch frische Wassermelonen. Keine Reinigungskur kann wohlschmeckender sein. Prüfen Sie einmal, welche Rolle Obst und Gemüse in Ihrer Ernährung spielen. Ideal wären fünf bis sieben Portionen jeden Tag. Ich esse diese Ration gleich als Frühstück. Ideal ist es, wenn Sie benötigte Nahrungsergänzungen gleichzeitig mit dem Obst nehmen, denn damit haben Sie dann auch alle sekundären Pflanzenstoffe.

Sehr zu empfehlen ist auch Frischkornbrei mit ange-
keimten Körnern, das gibt morgens richtig viel Kraft und
ist gesund. Essen Sie aber vor allem stets fett-, salz- und
zuckerarm, egal bei welcher Mahlzeit.

Bewusst essen hilft, das Alter zu einem besonders schönen Teil des Lebens zu machen. Besonders, wenn es in
Verbindung mit Freude und Lachen geschieht.

Falls Sie oft Heißhunger auf Süßes haben, ist das ein
deutliches Zeichen für einen Vitalstoffmangel, der aber
mit Süßem nicht zu beheben ist, sondern noch vergrößert
wird.

Eine andere Ursache für ein beschleunigtes Altern ist
der Mangel an ungesättigten Fettsäuren. Sie sind der uner-
setzliche Bestandteil aller Zellmembranen. Außerdem
sind sie für die Synthese von Hormonen und Enzymen
ebenfalls unersetzlich. Besonders lebensverlängernd wirken Fischfette auf die Gefäße, die dadurch länger elastisch
bleiben. Omega-3-Fettsäuren sind einfach notwendig für
ein langes und gesundes Leben.

Wenn Sie gesund alt werden wollen, dann sollten Sie
natürlich Ihren Mikrowellenherd aus der Küche verban-
nen, denn die kurzwellige Bestrahlung durch die Mikro-
welle verändert die molekulare Struktur Ihrer Lebensmittel. Die Tiefkühlung verursacht die wenigsten Verluste an
Vitalstoffen.

Wir sind das, was wir essen und verwerten. Ohne einen
gesunden Darm geht nichts. Der größte Teil unseres Immunsystems sitzt im Darm. Eine regelmäßige Darmreinigung, im Alter zweimal jährlich, ist daher unverzichtbar.

Jungbrunnen Obst und Gemüse

Essen Sie so viel Obst und Gemüse, wie Sie bekommen können, denn es gibt nichts Besseres, um Sie jung und vital zu erhalten. Mit Obst und Gemüse bekommen Sie das größte Spektrum von Antioxidantien, aber auch viele noch unerforschte Wirkstoffe, die Ihre Zellen optimal versorgen. Jedes natürliche Lebensmittel enthält alle Vitamine, Mineralstoffe und Spurenelemente und ist ein Mittel gegen vorzeitiges Altern. Aber kein einziges Vitamin oder Mineral hilft allein für sich, Sie brauchen das ganze »Orchester«. Obst und Gemüsesäfte sind natürliche Reinigungsmittel für den Körper und unverzichtbar für Jugend und Vitalität.

Was Obst und Gemüse für Sie tun können

Ananas: Ananas enthält fast das gesamte Spektrum an Vitaminen und Mineralstoffen. Sehr hilfreich ist ihr hoher Enzymgehalt, besonders das Bromelain zur Aufspaltung von Eiweiß in die einzelnen Aminosäuren. Ananas hilft bei zu wenig Magensäure, was besonders im Alter oft notwendig ist, und verhindert Sodbrennen sowie Völlegefühl. Sie wirkt durchblutungsfördernd und schützt die Gefäße vor Ablagerungen. Essen Sie möglichst nur reife Früchte.

Äpfel: Äpfel senken den Cholesterinspiegel, wirken entwässernd und, gerieben verzehrt, gegen Durchfall. Essen

Sie mindestens ein bis zwei Äpfel pro Tag. Sie sind reich an Zellulose und damit ein idealer Ballaststoff, der den Darm reinigt.

Aprikosen: Das Volk der Hunza führt seine sagenhafte Gesundheit zu einem großen Teil auf seine »Aprikosendiät« zurück. Aprikosen enthalten besonders viele Karotinoide als hochwirksame Antioxidantien, aber auch große Mengen an Niacin, Panthotensäure und, nicht zu vergessen, viel Vitamin C. Die Aprikose ist vielleicht die wirksamste »Anti-Aging-Frucht« und sollte auf jedem Obstteller vertreten sein. Sie wirkt stabilisierend auf das Zellmilieu und hat eine deutlich verjüngende Wirkung. Sie stärkt außerdem das Immunsystem und lässt die Altersuhr langsamer laufen.

Avocados: Avocados enthalten besonders viele ungesättigte Fettsäuren und haben eine hohe insulinsenkende Wirkung. Sie verbessern die Fettverbrennung und machen trotz ihres Fettgehaltes nicht dick, sondern sind für jede Diät geeignet. Sie machen geistig wach und fit und erzeugen ein starkes Wohlgefühl. Avocados haben auch einen hohen Glutathingehalt und senken den Cholesterinspiegel deutlich. Außerdem enthalten sie viel Kalium, das Ihre Blutgefässe jung und elastisch erhält.

Bananen: Bananen haben eine starke entschlackende Wirkung und sind hilfreich bei zu hohem Blutdruck. Ihr Vitaminreichtum stärkt das Immunsystem, und sie sind ideal als sättigende Zwischenmahlzeit, aber auch gebacken als Hauptmahlzeit eine Köstlichkeit. Sie entwässern, senken hohen Blutdruck und haben eine starke entschlackende Wirkung. Da sie das ganze Jahr erhältlich ist, sollten Sie täglich ein bis zwei Stück essen.

Birnen: Birnen senken zu hohen Blutdruck, sind hilfreich bei nervösem, übersäuertem Magen und damit auch bei Gicht und Nierenleiden. Außerdem schmecken sie einfach köstlich.

Beeren: Erdbeeren, Himbeeren, Heidelbeeren – sie alle schützen die Zellen gegen vorzeitiges Altern. Heidelbeeren enthalten mehr von dem Antioxidans Anthozianin als irgendein anderes Lebensmittel. In der Reifezeit sollten Sie täglich Ihr Essen durch Beeren bereichern.

Brokkoli: Brokkoli ist eine der ergiebigsten Quellen des Spurenelementes Chrom, hat aber auch viel Vitamin C, Beta-Carotin und Glutathion. Er ist reich an Ballaststoffen und enthält viel Magnesium.

Datteln: Datteln regen den Stoffwechsel aller Körperzellen an, und man sagt, sie verlängern das Leben. Zusammen mit Bananen sorgen sie für einen guten Schlaf und regen die körpereigene Produktion des Superhormons Melatonin an.

Karotten: Karotten sind bekannt für ihre Heilkräfte bei altersbedingten Erkrankungen und senken die Cholesterinwerte. Sie enthalten Beta-Karotin, das die Augen schützt und das Immunsystem stärkt.

Kohl: Kohl hat eine starke oxidationshemmende Wirkung. Bei Frauen löst er den gefährlichen Östrogentyp auf. Besonders wirksam ist Kohl, wenn man ihn roh essen kann. Er reduziert das Darm-, Magen- und Brustkrebsrisiko deutlich. Im Rosenkohl steckt viel Vitamin B$_1$ und Folsäure, wodurch er zu einer idealen Nervennahrung wird, und er entwässert durch seinen hohen Kaliumgehalt.

Der Rotkohl mit seinem hohen Selengehalt schützt das Immunsystem und die Thymusdrüse, eine Zentrale für Gesundheit und Vitalität. Weißkohl hat wenig Kalorien, aber viele Ballaststoffe sowie Selen und Mangan. Blumenkohl enthält ebenfalls reichlich Folsäure, entwässert und unterstützt so bei Nieren- und Blasenbeschwerden.

Mais: Mais wird zu Unrecht weniger beachtet und geschätzt. Dabei hat er den höchsten Vitamin-B$_1$-Gehalt, der für den Glukoseabbau wichtig ist. Außerdem enthält er Eisen, Magnesium, Mangan, Selen und Zink.

Mango: Darauf möchte ich auf keinen Fall verzichten – ich esse Mangos, wo immer ich sie bekommen kann. Sie sind vielleicht die köstlichsten Früchte überhaupt und stecken auch voller Vitamine und Mineralstoffe, vor allem Kalium und Zink, woran es den meisten Menschen mangelt.

Oliven: Oliven haben einen besonders hohen Mineralstoffgehalt, sind reich an Magnesium und an Aminosäuren, aber auch an Omega-3-Fettsäuren und Omega-6-Fettsäuren sowie Vitamin A und E. Sie haben viele hilfreiche antioxidative Eigenschaften und können toxischen Schleim im Körper am besten lösen.

Orangen: Orangen sind das ganze Jahr über erhältlich, enthalten viele B-Vitamine und reichlich Kalium und sind damit besonders in der kalten Jahreszeit ein idealer Muntermacher, der das Immunsystem aktiviert.

Papayas: Papayas unterstützen durch ihren hohen Enzymgehalt den Eiweißstoffwechsel auf ideale Weise und sind außerdem eine natürliche Hormonquelle, die das Immunsystem stärkt. Papayas sind inzwischen auch bei uns fast überall zu bekommen.

Pflaumen: Pflaumen sind besonders getrocknet das ganze Jahr erhältlich und wirken bei Stoffwechselkrankheiten und Darmträgheit. Besonders hilfreich ist das nach längeren Flugreisen, wenn sich der Darm an die neue Situation gewöhnen muss.

Rettich: Rettich unterstützt eine gesunde Darmflora, was besonders im Alter wichtig ist. Durch seinen hohen Kaliumgehalt wirkt er entwässernd und senkt den Blutdruck.

Sellerie: Sellerie hilft dem Magen-Darm-System bei Darmträgheit und Verstopfung und entgiftet die Schleimhäute sowie die Nieren und Harnwege.

Spargel: Spargel enthält große Mengen an Vitaminen und hat eine stark entwässernde Wirkung.

Spinat: Spinat enthält zwar nicht so viel Eisen, wie man lange geglaubt hat, aber dafür eine Vielzahl von Substanzen, die Ihre Gesundheit fördern und das Altern verzögern, wie Mineralien, Vitamine der B-Gruppe und Vitamin C. Auch er ist reich an Folsäure.

Tomaten: Tomaten sind geradezu eine Versicherung gegen vorzeitiges Altern. Sie enthalten reichlich Lycopen, ein besonders wichtiges Antioxidans, das nur in Tomaten und Wassermelonen in solchen Mengen vorkommt. Es wird durch Kochen nicht zerstört, so dass es auch in Tomatensaft und Tomatensoßen wirksam bleibt.

Trauben: Trauben enthalten mehr als 20 bekannte Antioxidantien, besonders die blauen Trauben. Sie entspannen die Blutgefässe und verhindern die Oxidierung des LDL-Cholesterins. Sie wirken auch getrocknet als Rosinen und entfalten so eine noch stärkere altershemmende Wirkung. Lassen Sie Rosinen zu einer *täglichen* Bereicherung Ihrer Ernährung werden.

Zwiebeln: Zwiebeln sind mit dem Knoblauch eng verwandt und enthalten viele altershemmende Wirkstoffe. Sie können sogar Magenkrebs verhindern helfen. Zwiebeln verdünnen das Blut, verhindern Blutgerinnsel und vermehren das gute HDL-Cholesterin. Sie verhindern die Umwandlung von LDL-Cholesterin zu Gift, das die Arterien angreift, und bekämpfen Pilze und Viren.

Weniger bekannt ist, dass Gänseblümchen, Löwenzahn und Brennnesseln einen wunderbaren Salat ergeben, ebenso wie Wegwarte, Vogelmiere, Malve, Hirtentäschel und Brunnen- und Kapuzinerkresse und natürlich auch die Blätter von Taubnesseln, Schafgarbe oder Stiefmütterchen. Junge Lindenblätter, frischer Huflattich und die meisten Blumenblüten sind essbar und sehr schmackhaft.

Obst und Gemüse enthalten eine Reihe von Biostoffen, die gesundheitsfördernde Eigenschaften haben, zum Beispiel die Flavonoide, die wirksame Antioxidantien sind. Manche wirken auch entzündungshemmend.

Neben den Vitaminen enthalten Obst und Gemüse viele Mineralstoffe und lebenswichtige Spurenelemente, wenn auch nicht mehr in dem Maße, wie das früher der Fall war, weil wir unsere Böden durch einseitige Düngung ausgelaugt haben. Das bringt zwar hohe Erträge, die dann aber längst nicht mehr alle Biostoffe enthalten.

Das asiatische Rezept für ein langes Leben heißt: Soja. Die Sojabohne ist nicht nur vollgepackt mit Antioxidantien, sie ist geradezu eine Antialterungspille, ohne unerwünschte Nebenwirkungen. Soja ist auch ein ideales Krebsvorsorgemittel. Japanerinnen erkranken selten an Brustkrebs und haben in ihrer Sprache nicht einmal ein Wort für »Hitzewallungen«. Sojabohnen enthalten auch das Gamma-Tocopherol, eine besonders wertvolle und hochwirksame Form von Vitamin E. Eine Portion Tofu oder eine große Tasse Sojamilch können auch für Sie Wunder wirken.

Das Körperpendel

Ihr Körper ist ein perfektes Anzeigeinstrument, um sichtbar zu machen, ob bestimmte Energien gut oder schlecht für Sie sind, ob etwas für Sie »stimmt« oder eben nicht.

Sie können das Körperpendel benutzen, um zu prüfen, ob Ihnen ein bestimmtes Nahrungsmittel gut tut oder nicht. Ihr Körper weiß das ganz genau und zeigt es über das Körperpendel zuverlässig und sofort an. Er gibt damit seine *Abneigung* oder seine *Zuneigung* zu einer Sache zu verstehen, so dass seine Aussage immer eindeutig ist.

Und so funktioniert der Test: Nehmen Sie das zu testende Nahrungsmittel in die linke Hand und legen Sie es auf Ihren Solarplexus. Dann schließen Sie die Augen, gehen leicht in die Knie und vergewissern sich, dass Sie ganz gelöst und frei beweglich sind. Nach einigen Sekunden bemerken Sie, wie Ihr Körper zu schwanken beginnt und sich entweder nach vorn oder nach hinten neigt. Das kann so stark sein, dass Sie aufpassen müssen, nicht zu fallen. Am besten steht jemand neben Ihnen, der Sie auffangen kann. Neigt sich der Körper nach hinten, zeigt das seine

Abneigung, und damit, dass diese Sache für ihn nicht gut ist. Neigt sich der Körper nach vorne, zeigt das seine *Zuneigung*, und damit, dass diese Sache für ihn gut ist.

Diese Art des Austestens können Sie mit allem durchführen, von dem Sie wissen möchten, ob es Ihnen hilft oder schadet. Nehmen Sie einfach bewusst symbolisch das, was Sie testen wollen, in Ihrer Vorstellung in die linke Hand, bis Sie es sich deutlich in Ihrer Hand vorstellen können und es »fühlen«. Dann stellen Sie sich die Frage: Ist das gut für mich oder nicht? Stimmt das für mich oder nicht?

Der Körper antwortet immer, bei allem und sofort. Neigt er sich beim Test nur leicht nach vorn oder hinten, zeigt das, dass es da noch ein *Aber* gibt, weil manches eben nicht nur gut oder schlecht ist, sondern sowohl als auch. Aber er zeigt deutlich an, was überwiegt.

Durch entsprechende Fragen können Sie natürlich auch genau klären, welche Vorbehalte der Körper bzw. Ihr Bewusstsein noch hat. Denn der Körper ist ja nur das Anzeigeinstrument, die Botschaft kommt aus Ihrem Bewusstsein, und daher ist die Antwort auch zuverlässig.

Kalorien lassen früh altern

Sie können Ihr tatsächliches Alter um sechs Jahre reduzieren, wenn Sie Ihr Idealgewicht erreichen und halten. Indem Sie Ihre tägliche Nahrung um ein paar Kalorien reduzieren, können Sie Ihre biologische Uhr verlangsamen und viele Krankheiten vermeiden. Es ist nie zu spät, jünger zu werden.

Dabei ist aber nicht nur wichtig, *wie viel* Sie essen, sondern vor allem, wie viel »Lebensqualität« Ihre Nahrung enthält, damit Sie zwar schlank, aber nicht unterernährt sind. Auf der japanischen Insel Okonawa leben mehr Hundertjährige als irgendwo sonst auf der Welt, und sie leiden deutlich seltener an Herzerkrankungen, Krebs oder anderen »Alterskrankheiten«. Ihr Geheimnis besteht darin, deutlich weniger zu essen, aber qualitativ hochwertige Nahrung zu sich zu nehmen.

Achten Sie besonders darauf, nur wenig mehrfach ungesättigte Fette zu essen, da diese schneller alt machen. Fette für ein langes und gesundes Leben sind einfach gesättigte Fette wie Olivenöl, Fischöl und Flachsamenöl. Besonders gefährlich dagegen sind gesättigte Tierfette, denn sie verursachen die schlechten LDL-Cholesterinwerte in Ihrem Blut und fördern dessen Klebrigkeit und Gerinnselbildung. Machen Sie sich daher bewusst, dass Sie mit der Wahl der Fette, die Sie essen, Ihren Alterungsprozess beschleunigen oder verlangsamen können.

Wir haben genetisch den Appetit der Steinzeitmenschen geerbt, aber nicht deren Bewegung und körperliche Fitness.

Das Dinner-Cancelling

Ein mehr als 3000 Jahre altes chinesisches Sprichwort ist heute aktueller denn je: »Das Abendessen überlasse deinen Feinden.«

Es sind derzeit etwa 300 altersspezifische Veränderungen im zellulären Bereich bekannt. Über 80 Prozent davon sind durch eine verminderte Kalorienzufuhr positiv zu beeinflussen. Weniger Kalorien bedeuten weniger freie Radikale, und das bedeutet weniger Schäden im Körper, vor allem in den Zellen.

Kalorienreduktion stärkt aber auch das Immunsystem, regt die Enzymtätigkeit an und beeinflusst die Proteinsynthese. Dinner-Cancelling ist ein wahrer Jungbrunnen – der derzeit einzige, der wissenschaftlicher Überprüfung standhält. Schon nach einer Woche Kalorienreduktion steigt das Corticol im Blut an, wodurch das Wuchern entarteter Zellen unterbunden wird. Der Blutzucker fällt um 20 Prozent ab, was die Blutwerte optimiert. Nach etwa drei Wochen sinkt das Insulin um die Hälfte, und es beginnt eine Entschlackungs- und Gewichtsreduktionsphase. Die Körpertemperatur sinkt, was lebensverlängernd wirkt. Das beste Rezept gegen das Alter heißt also: weniger essen!

Dieser Effekt wir nochmals verstärkt, wenn das Abendessen entfällt, denn dadurch wird mehr Melatonin im Körper gebildet, und auch das Somatropin steigt. Der Schlaf wird dadurch tiefer, und es wird vermehrt Wachstumshormon gebildet, wodurch auch in der Nacht Fettverbrennung erfolgt – und Sie schlafen sich schlank.

Dem Verzicht auf das Abendessen sollte allerdings auch der Verstand zustimmen, sonst sabotiert er das segensreiche Vorhaben.

In solchen Zeiten des Energiesparens löst der Körper nach und nach alle Zellen auf, die er nicht mehr benötigt, in erster Linie bösartige Zellen, weil diese besonders viel Energie benötigen.

Außerdem werden durch die angeregte Produktion von Wachstumshormonen verstärkt Reparaturen im Körper vorgenommen. Der Körper gewöhnt sich schnell daran und sendet keine Hungersignale mehr aus. Und sehr bald merkt man, wie das Immunsystem gestärkt und der Allgemeinzustand verbessert wird.

Das Wachstumshormon ist auch für die »Body-Komposition« verantwortlich, weil es das Fettgewebe zu Gunsten des Muskelgewebes reguliert. So führt der Verzicht auf das Abendessen gleich zu mehreren Reaktionen im Körper: Die Kalorienzufuhr wird reduziert, die Bildung von Melatonin und Wachstumshormon gesteigert. Das wiederum wandelt Fett in Muskeln, und Sie werden schlank im Schlaf. Außerdem werden noch die alt machenden freien Radikale vermindert, und Sie fühlen sich immer leichter und vor allem jünger. Ganz besonders dann, wenn Sie auch noch **Süßigkeiten-Cancelling** praktizieren.

Sie bemerken die wohltuende Wirkung schon, wenn Sie nur einmal eine Woche auf jede Form von Süßigkeiten verzichten. Sehen Sie das am besten nicht als Verzicht, sondern als Investition in Ihre Zukunft und in ein gesundes Alter. Der raffinierte Industriezucker wird für die Ent-

stehung zahlreicher Beschwerden mitverantwortlich gemacht, denn im Gegensatz zu den komplexen Kohlehydraten, die im Obst und anderen Lebensmitteln natürlich
vorkommen, ist weißer Zucker ein reines Industriepro-
dukt. Er liefert viele leere Kalorien, die, wenn sie nicht
gleich in Bewegung umgesetzt werden, auf den Hüften
landen. Besonders dann, wenn die Süßigkeiten nicht nur
Zucker, sondern auch jede Menge Fett enthalten. Zucker
und Fett ist eine besonders alt machende Kombination.

Eine weitere Möglichkeit, Ihrem Körper zu helfen, ist
das **Fastfood-Cancelling**. Für gesundheitsbewusste Menschen eine Selbstverständlichkeit, für andere vielleicht eine große Herausforderung, aber ein wichtiger Schritt in
Richtung Gesundheit und Vitalität. Besonders schlimm,
wenn Sie sich »mal eben schnell« einen Hamburger oder
eine Bratwurst gönnen. Ist Ihnen bewusst, dass eine ganz
normale Portion Pommes mit Mayonnaise und dazu ein
Hamburger fast eintausend Kalorien enthalten?

Ideal wäre natürlich, wenn Sie sich zu einem **Negative-
Gedanken-Cancelling** entschließen könnten. Denn negatives Denken verändert die energetische Schwingung Ihres Körpers auf dramatische Weise. Es beeinträchtigt die
Verdauung und den Schlaf und verdirbt Ihnen die Laune
oft für den ganzen Tag. Jugend ist tatsächlich ein Geisteszustand. Positives Denken, besonders aber ein positives
Selbstbild, kann das Leben deutlich verlängern, die Gesundheit optimieren und die Vitalität und Lebensfreude
erhöhen. Besonders wichtig ist dabei, Ihr Unterbewusstsein neu zu programmieren, so dass Sie »automatisch«

positiv denken. Mit der Macht Ihrer Gedanken können Sie sogar jünger werden, denn die Qualität Ihres Denkens teilt sich jeder einzelnen Zelle Ihres Körpers mit. Körperhygiene ist uns inzwischen selbstverständlich geworden, Gedankenhygiene noch nicht. Lassen Sie auch nicht mehr zu, dass andere Sie mit ihren negativen Ansichten belasten, und lenken Sie das Gespräch sofort auf positive Möglichkeiten und Lösungen. Damit wird die negative Energie umgewandelt, *bevor* sie als unerwünschte Realität in Erscheinung treten kann. Gute Laune und Optimismus verlängern deutlich Ihr Leben und sind die beste Investition in eine lebenswerte Zukunft.

Kauen Sie sich gesund, schlank und fit

Es gibt einen einfachen und zuverlässigen Weg zu Gesundheit und Vitalität, der zudem noch in kurzer Zeit zur Traumfigur führt. Es ist nicht erforderlich, irgendeine Diät einzuhalten, und Sie können im Prinzip essen, so viel Sie wollen und was Sie wollen, ohne schlechtes Gewissen und Schuldgefühle. Jede Diät ist ohnehin nur eine Anleitung zum Dickwerden, unter dem Vorwand abzunehmen. Alles, was Sie dazu brauchen, haben Sie immer bei sich. Sie sparen sogar noch Geld und letztlich auch Zeit und vervielfachen den Genuss beim Essen.

Das ganze Geheimnis besteht im wirklich gründlichen Kauen. Das heißt konkret, *jeden* einzelnen Bissen *mindestens* 50 bis 60 Mal zu kauen und erst hinunterzuschlucken, wenn er *vollkommen* flüssig geworden ist. Es können also durchaus auch 100 oder gar 200 Kaubewegungen sein.

Das geht anfangs nur, indem Sie mitzählen, um den Schluckreflex zu überlisten, der Sie bisher zum Schlingen verführt hat. Wenn Sie dabei konsequent sind, ist der Schluckreflex in einer Woche verschwunden, und der Weg ist frei für einen völlig neuen Genuss der Nahrung. Denn erst jenseits der 50 Kaubewegungen weckt der Speichel den eigentlichen Geschmack der Nahrung. Vor allem aber wird die Nahrung nur auf diese Weise energetisch voll aufgeschlossen. Zudem sind Sie mit einem Drittel bis der Hälfte der bisherigen Menge vollkommen satt und merken es auch rechtzeitig. Sie werden es anfangs nicht glauben wollen, dass so wenig ausreicht, um Ihren Körper optimal zu ernähren. In einer jahrtausendealten Pyramide steht der Spruch: »Der Mensch lebt von einem Drittel dessen, was er isst, von den anderen zwei Dritteln leben die Ärzte.« Die Erkenntnis ist also gar nicht neu, aber immer noch richtig.

Da Sie bei wirklich gründlichem Kauen ganz automatisch deutlich weniger essen, ist es gar nicht zu vermeiden, dass Sie mit der Zeit abnehmen, Ihre natürliche Traumfigur bekommen und ohne Mühe ein Leben lang halten.

Aber das gründliche Kauen führt auch ganz unmerklich zu einer veränderten Nahrungsauswahl. Nun schmecken Sie, wie gesund und natürlich das ist, was Sie essen, und wählen ganz von selbst immer mehr das aus, was zu einem angenehmen Geschmackserlebnis führt.

Es ist daher aus vielen Gründen sinnvoll, sich beim Essen mehr Zeit zu nehmen und durch gründliches Kauen zu einem ganz neuen Essensgenuss zu kommen und zusätzlich zu seiner Traumfigur, um so leichter durchs Leben zu gehen und sich in sich wohler zu fühlen.

Die Kunst des richtigen Kauens

Nehmen Sie einen nicht zu großen Bissen in den Mund. Bewegen Sie den Bissen nur mit der Zunge im Mund hin und her und fühlen Sie, wie der Speichel fließt. Wenn Sie wollen, schließen Sie die Augen und seien Sie mit Ihren Gedanken und Gefühlen ganz im Mund. Beißen Sie den Bissen sanft an und spüren Sie, wie der Speichel noch stärker fließt. Spielen Sie mit dem Bissen.

Den ersten Schluckreflex können Sie überlisten, indem Sie die Kaubewegungen zählen. Nehmen Sie sich vor, den Bissen mindestens 50 Mal zu kauen. Bis dahin wiederholt sich der Schluckreflex noch ein bis zwei Mal. Geben Sie nicht nach, auch wenn der Bissen inzwischen schon flüssig geworden ist.

Erleben Sie jetzt den Geschmackshöhepunkt. Natürliche Nahrung entfaltet erst durch gründliches Kauen ihren eigentlichen, vollen Geschmack. Spätestens jetzt erkennen Sie Nahrungsschrott daran, dass er nach gründlichem Kauen nach nichts mehr schmeckt. Schlucken Sie nichts mehr hinunter, was nicht wirklich schmeckt.

Bewegen Sie die flüssige Speise noch eine Weile mit der Zunge im Mund, bis der volle Geschmack sich entfaltet hat. Sie haben gerade ein wichtiges Geheimnis menschlicher Ernährung neu entdeckt und soeben begonnen, auf natürliche Weise schlank und gesund zu werden. Der Mundspeichel ist das wichtigste Verdauungsferment. Die nachgeordneten Verdauungsorgane können nicht mehr gutmachen, was der hastige Schlucker versäumt.

Sobald Sie eine Woche lang konsequent gründlich gekaut haben, verschwindet der unnatürliche Schlingreflex, und Sie beginnen, das Essen auf ganz neue Weise zu genießen. Legen Sie sich mit einem Leckerbissen im Mund einmal in die Sonne und genießen Sie die Kombination von Geschmack und Licht und wohliger Entspannung. Das macht schlank und glücklich, denn dabei schüttet der Körper Glückshormone gleich doppelt aus – durch das Licht, das den Gehirnstoffwechsel anregt, und das gründliche Kauen, das Endorphine freisetzt. Erleben Sie dieses natürliche *High* so oft wie möglich.

Sie kommen so von Tag zu Tag mehr »auf den Geschmack«. Sie geben jeden Bissen erst frei, wenn alle lebensspendenden Inhaltsstoffe voll aufgeschlossen sind und Sie den Geschmackshöhepunkt erlebt haben. Schließlich erübrigt sich das Mitzählen, weil Sie sich ohnehin nicht mehr um diesen »Orgasmus im Mund« betrügen. Vorbei die Zeiten, als Sie noch ein »armer Schlucker« waren. Vergessen Sie, was Sie noch auf dem Teller haben, vergessen Sie die Welt und konzentrieren Sie sich ganz auf den einen Bissen, den Sie gerade genießen.

Den Körper entsäuern

Bei den meisten Menschen ist der Körper übersäuert, was Krankheit und vorzeitiges Altern unvermeidbar macht. Daher ist die regelmäßige Entsäuerung und Remineralisierung des Körpers ein Grundbaustein gesunden Alterns.

Solange der Körper noch Basen aus den Knochen, dem Bindegewebe und den Adern entnehmen kann, versucht er damit, den Säureüberschuss zu neutralisieren. Dadurch wird der Körper aber entmineralisiert, und Knochen und Adern werden brüchig, was zu Herzinfarkt, Schlaganfall, Arteriosklerose und Osteoporose führen kann, Erkrankungen, die wir dann als »Alterskrankheiten« bezeichnen. Ein übersäuerter Organismus *kann* nicht gesund sein. Altern kann man als fortschreitende Übersäuerung, Entmineralisierung und Verschlackung bezeichnen. Die Übersäuerung hat eine stark »vergreisende« Wirkung. Es gibt wohl keinen Weg, sein Leben zuverlässiger um viele lebenswerte Jahre voller Vitalität und Lebensfreude zu verlängern, als die regelmäßige Entsäuerung und Remineralisierung des Körpers.

Die Übersäuerung ist auch besonders gefährlich, weil in den übersäuerten Bereichen des Körpers durch die »Acedosestarre der Erythrozyten« ein oft schlagartiger Zusammenbruch der Versorgung eintritt. Das ist zu vergleichen mit abkühlendem Wasser, das auch von einem Augenblick zum anderen gefriert und nicht mehr fließen kann.

Säuren erzeugt der Körper ständig durch den Stoffwechsel selbst, wie Harnsäure, Kohlensäure, Milchsäure, Essigsäure, sogar Salzsäure. Dazu kommen die Säuren der Nahrung. Basen aber kann der Körper selbst nicht produzieren, und so müssen sie mit der Nahrung zugeführt werden.

Stress, Ärger und negatives Denken verstärken die Säurebelastung des Körpers.

Zeichen eines übersäuerten Körpers sind Krampfadern, Glatzenbildung, ein hoher Cholesterinspiegel, Hämorrhoiden, Cellulitis und Durchblutungsstörungen. Aber auch Gallen- und Nierensteine, Herzinfarkt, Schlaganfall, offene Beine und Krebs sind die Folge. Die Übersäuerung des Körpers ist ein langsamer Selbstmord.

Die regelmäßige Entsäuerung des Körpers ist wohl die einzige sicher wirkende Therapie bei Cellulite. Besonders, wenn die Entsäuerung innen *und* außen, also über ein Entsäuerungsvollbad, erfolgt. Das ist aber auch bei Rheuma und Gicht hilfreich. Außerdem entsteht dabei ein deutlich sichtbarer Verjüngungseffekt.

Die Zellen können ihre Stoffwechselschlacken nur loswerden, wenn das umgebende Bindegewebe basisch ist. Ist das aber dauerhaft sauer, dann schafft der Körper »Sondermülldeponien«, in denen er die Säure lagert, bis wieder genügend Basen zur Neutralisierung zur Verfügung stehen. Bei den meisten Menschen ist das aber nie der Fall, und so bleiben sie ein Leben lang bestehen und werden höchstens beim Fasten aufgelöst, was dann zu den bekannten »Fastenkrisen« führt.

Durch die Übersäuerung verliert der Körper auch seine natürliche Immunität gegen Infektionskrankheiten. Außerdem wird so die Verpilzung des Körpers gefördert.

Die regelmäßige Entsäuerung und Remineralisierung des Körpers ist unverzichtbar, um sich Gesundheit, Vitalität und Jugend bis ins hohe Alter zu bewahren.

Lebensverlängernde Nahrungsergänzungen

Jeder zweite Europäer stirbt heute an den Folgen von arteriosklerotischen Ablagerungen in den Koronararterien des Herzens, was zum Herzinfarkt führt, oder an Ablagerungen in den Halsschlagadern oder Gehirnarterien, die einen Schlaganfall verursachen. Die Grundursache der ateriosklerotischen Ablagerungen ist chronischer Vitaminmangel, der zur Schwächung und letztlich zum Bruch der Arterienwand führt. Die am stärksten belasteten Adern sind die Koronararterien des Herzens, weshalb der Bruch dort meist zuerst auftritt und den Herzinfarkt auslöst.

Das führt zu der Erkenntnis, dass Herzinfarkt, Arteriosklerose und Schlaganfall eigentlich keine Krankheiten sind, sondern in der Hauptsache die Folge eines chronischen Vitaminmangels. Das biologische Rosten, auch Oxidation genannt, schädigt die Wände Ihrer Blutgefäße zusätzlich und beschleunigt den Alterungsprozess. Die wichtigsten natürlichen Antioxidantien sind Vitamin C, Vitamin E, Beta-Karotin und Selen. Eine Nahrungsergänzung mit diesen natürlichen Antioxidantien optimiert den Schutz für Ihr Herz-Kreislauf-System. Dabei ist zu beachten, dass Rauchen das »Rosten« Ihrer Gefäßwände enorm beschleunigt. Auch die Produktion des Stresshormons Adrenalin verbraucht sehr viel Vitamin C und steigert den Vitaminmangel. Auch mit einer natürlichen und ausgewogenen Ernährung können Sie die ausreichende Versorgung Ihres Körpers mit wichtigen Nährstoffen nicht sicherstellen. Vor allem aber ist es auch so nicht mehr möglich, die notwendige Remineralisierung zu sichern. Die Wissenschaft erkennt immer deutlicher, dass selbst eine vielseitige, vollwertige und ausgewogene Ernährung nicht ausreicht, um den Körper optimal mit Vitalstoffen zu versorgen.

Unser Ziel ist es, optimale Voraussetzungen für ein gesundes und langes Leben zu schaffen und nicht nur Mangelzuständen vorzubeugen. Dazu braucht der Körper eine Symphonie von Wirkstoffen, und wenn auch nur einer fehlt, mindert das die Wirkung der anderen deutlich.

Wenn Sie die übliche schlechte Gesundheit wünschen, dann halten Sie sich an die empfohlenen Mengen der Vitamine, Mineralstoffe und Spurenelemente. Wenn Sie aber eine optimale Gesundheit wünschen, brauchen Sie deutlich mehr, bis zum Hundertfachen. Nur so können die Körperzellen auf dem genetischen Höchstleistungsniveau funktionieren.

Außerdem verlieren die Vitamine an Kraft, wenn Sie älter werden, so dass Sie allein dadurch mehr brauchen, um auf gleichem Niveau zu bleiben. Viele physiologischen Veränderungen und chronischen Krankheiten, die bisher dem Alter zugeschrieben wurden, sind in Wirklichkeit eine Form »beschleunigten Alters«, das durch einen Mangel an Vitalstoffen verursacht oder schneller vorangetrieben wurde.

Ein einzelnes Wundervitamin oder -mineral gibt es nicht. Was optimal wirkt, ist die Symphonie der Wirkstoffe, die für ein langes, gesundes Leben unverzichtbar sind.

Belastungen wie Ärger, Stress, Sport, Schwangerschaft, Wachstum und chronische Erkrankungen erhöhen den Bedarf an Vitaminen, Mineralstoffen und Spurenelementen, während die immer geringere Nahrungsqualität gleichzeitig die Zufuhr von Vitalstoffen verringert. Wenn wir aber so viele Vitalstoffe brauchen, wieso hat die Natur nicht dafür gesorgt, dass sie in unserer Nahrung enthalten sind? Früher konnten die Menschen doch auch keine Pillen zusätzlich nehmen und haben trotzdem überlebt. Es ist richtig, die Menschen haben *überlebt*, aber sie hatten ein deutlich kürzeres Leben und wurden von vielen Krankheiten geplagt. Dabei waren sie noch nicht den vielfältigen Belastungen durch eine verschmutzte Umwelt, Pestiziden und saurem Regen ausgesetzt, und ihre Nahrung war meist natürlich und frisch. Sie kannten auch noch nicht den Stress der heutigen Zeit. Aber wenn wir nicht nur überleben, sondern optimal *leben* wollen, brauchen wir einfach mehr Vitalstoffe.

Ursprünglich reichte eine Lebensspanne von 35 Jahren, um Kinder zu haben und sie bis zur Selbstständigkeit großzuziehen. Dann werden wir eigentlich nicht mehr vom Leben gebraucht. Wenn wir trotzdem länger hierbleiben und dabei noch gesund und vital bleiben wollen, müssen wir selbst etwas tun, und dazu bietet uns unsere Zeit alle Möglichkeiten, wir müssen nur die Dinge selbst in die Hand nehmen.

Das ABC der Nahrungsergänzungsmittel

Wenn Sie länger jung bleiben möchten, sollten Sie regelmäßig ausreichend Nahrungsergänzungen einnehmen. Wenn Sie Ihrem Körper nicht die notwendigen Baustoffe geben, kann er nicht optimal funktionieren und wird vorzeitig altern. Nachfolgend stelle ich Ihnen die wichtigsten Nahrungsergänzungsmittel vor. Achten Sie dabei auf die jeweils richtige Kombination der einzelnen Nahrungsergänzungsmittel, denn Antioxidantien wirken in der Verbindung miteinander deutlich besser als für sich allein.

Alpha-Liponsäure: Die Alpha-Liponsäure beugt Zellalterung vor, reduziert Proteinschäden und regeneriert Vitamin E und C. Sie schützt besonders die DNA vor freien Radikalen und hilft den Mitochondrien, den Kraftwerken in unseren Zellen, Nahrung in Energie umzuwandeln. Gleichzeitig schützt sie sie als wirkungsvolles Antioxidans, weil sie sowohl fettlösliche als auch wasserlösliche freie Radikale neutralisieren kann. Alpha-Liponsäure ist neuroproduktiv, entzündungshemmend und verstärkt die Wirkung anderer Antioxidantien. Sie senkt den Blutzuckerspiegel und ist auch bei Grauem Star hilfreich. Die empfohlene Dosierung liegt bei 500 Milligramm pro Tag.

Vitamin B6: Um gesund alt zu werden, braucht Ihr Körper auch ausreichend Vitamin B6, um hohe Homocysteinwerte zu vermeiden. Homocystein ist ein gefährlicher Beschleuniger der Gefäßverkalkung und erhöht deutlich das Risiko für spätere Demenzerkrankungen. So gefährlich hohe Homocysteinwerte sind, so leicht sind sie zu senken und dauerhaft zu vermeiden. Alles, was Sie brauchen, ist eine ausreichende Dauerversorgung mit Vitamin B_6, Folsäure und Vitamin B_{12}. Ein hoher Homocysteinspiegel vervielfacht das Risiko für einen Herzinfarkt oder Schlaganfall. Vor allem aber hat ein zu hoher Homozysteinspiegel eine altersbeschleunigende Wirkung. Vitamin B_6 verbessert auch deutlich die Gehirntätigkeit und das Langzeitgedächtnis, besonders im Alter. Sie brauchen etwa 10 bis 50 Milligramm am Tag.

Vitamin B_{12}: Auch B_{12} ist eine Versicherung gegen unnötig beschleunigtes Altern, besonders nach dem 50. Lebensjahr. Bei älteren Menschen ist eine Dosis von 500 Mikrogramm sinnvoll, um auch bei einer fortgeschrittenen atrophischen Gastritis und damit eingeschränkter Absorption eine ausreichende Versorgung zu sichern. Da es nicht toxisch ist, stellt eine Überdosierung keine Belastung dar. Ein Vitamin-B_{12}-Mangel entwickelt sich sehr langsam und über viele Jahre und greift nur das Gehirn und das Nervensystem an, was zur Senilität, zu einer Demenzerkrankung oder Alzheimer führen kann. So gesehen ist B_{12} ein besonders wichtiger Nährstoff im Alter und um Alterserscheinungen zu vermeiden. Das Vitamin B_{12} verhindert eine Pseudosenilität. Wann immer Sie unter unerklärlichen neuropsychiatrischen Problemen leiden, sollten Sie für ausreichend B_{12} sorgen, als Versicherung gegen das Altern. Dazu kann eine Dosis von 500 bis 1000 Mikrogramm pro Tag ausreichen. Ein Vitamin B_{12}-Mangel kann auch eine perniziöse Anämie verursachen, vor allem aber ist es die dritte Säule, zusammen mit B_6 und Folsäure, um den Homocysteinspiegel im gesunden Bereich zu halten. Weiße Flecken an Händen und Gesicht sind oft ein Zeichen von Vitamin-B-Mangel.

Beta-Carotin: Selbst wenn Sie regelmäßig reichlich Obst und Gemüse essen, ist es ratsam, zusätzlich Beta-Carotin zu nehmen – als Altersvorsorge, um eine maximale Verlangsamung des Alterungsprozesses zu erreichen. Denn Beta-Karotin hat Wirkstoffe, die dort ansetzen, wo andere Antioxidantien versagen. Auch das Beta-Carotin verhindert die Oxidation von Cholesterin, verhütet Herzanfälle, Schlaganfall und Grauen Star, aber auch Brust-, Lungen- und Magenkrebs. Aber verwechseln Sie Beta-Carotin nicht mit einfachem Vitamin A. In der Nahrung finden Sie es in Karotten und im Karottensaft, in Aprikosen, Kürbis, Chicorée, Süßkartoffeln und Tomatensaft. Am besten nehmen Sie es natürlich und als zusätzliche Nahrungsergänzung.

Vitamin C: Vitamin C ist der vielleicht wichtigste Mikronährstoff überhaupt. Es ist ein starkes Antioxidans, wirkt entzündungshemmend, stärkt das Immunsystem und stimuliert die Bildung von Bindegewebe, Knochen und Zähnen. Vitamin C ist der »Zement« für die Blutgefäßwände. Der Mensch ist das einzige Säugetier neben dem Meerschweinchen, das nicht mehr in der Lage ist, seinen Bedarf an Vitamin C im Körper selbst zu produzieren. Das verdanken wir dem Defekt eines einzelnen Gens, der den Aufbau verhindert, obwohl wir es nach wie vor dringend brauchen. Tiere besitzen es noch und kennen daher keinen Herzinfarkt.

Vitamin C steigert die Produktion von Kollagen und anderen Stabilitätsmolekülen im Körper enorm und hält so die 1000 Kilometer langen Wände Ihrer Arterien, Venen und Kapillargefässe elastisch und damit jung.

Da wir durch einen Gendefekt die Fähigkeit verloren haben, Zuckermoleküle in Vitamin C umzuwandeln, müssen wir täglich drei bis fünf Gramm Vitamin C dem Körper zuführen. Das sollte in mehreren Dosen von etwa ein bis eineinhalb Gramm geschehen, da Vitamin C vom Körper nicht gespeichert werden kann und nach vier Stunden aufgebraucht ist, wobei Überschüsse ohne Belastung ausgeschieden werden. Kommt es durch chronischen Vitaminmangel, wie er in der heutigen Zeit normal ist, zu ersten Aderrissen, mobilisiert der Körper einen körpereigenen Baustoff, das Cholesterin, um die brüchigen Adern abzudichten. Dabei verengt sich natürlich der Aderquerschnitt, und so ist der Körper gezwungen, den Blutdruck zu erhöhen, um trotzdem die Durchblutung des Körpers zu gewährleisten. Der erhöhte Blutdruck belastet natürlich die Aderwände zusätzlich, weshalb mehr Cholesterin angelagert wird, um einen Bruch zu vermeiden. Der weiter verringerte Aderquerschnitt erfordert einen nochmals erhöhten Blutdruck, was die Aderwände weiter belastet, und so kommt es zu der Spirale, die im Herzinfarkt endet – es sei denn, Sie kehren den Prozess um, indem Sie dem

Körper einen Überschuss an Vitamin C und den anderen Vitaminen und Mineralstoffen zur Verfügung stellen. Vor allem durch das Vitamin C werden die Aderwände wieder elastisch, so dass der Körper das Cholesterin abbauen kann, wodurch die Adern frei werden. Der Blutdruck sinkt, und ein Herzinfarkt oder ein Schlaganfall wird verhindert. Es dauert etwa ein Jahr, bis die Gefäße wieder frei sind.

Auch für Diabetiker ist das Vitamin C ein wahres Lebenselixier, weil es nicht nur hilft, Gefäßkomplikationen zu vermeiden, sondern auch die diabetische Stoffwechselentgleisung selbst zu korrigieren vermag. Vitamin C senkt auch den Blutzuckerspiegel und damit den Insulinbedarf, aber gerade bei Diabetikern ist der Vitamin-C-Spiegel im Blut meist sehr niedrig.

Vitamin C ist unerlässlich für die Stabilität unserer Blutgefäße, das wichtigste Wundheilmittel unseres Körpers und unser wichtigstes Antioxidans sowie ein unersetzlicher Helfer des Zellstoffwechsels. Ich bin überzeugt, dass schon die nächste Generation kaum noch Herzinfarkt, Arteriosklerose und Schlaganfall kennen wird, sobald diese lebensrettende Erkenntnis der medizinischen Forschung im Bewusstsein der Menschen zu einer regelmäßigen und ausreichenden Vitaminzufuhr und Nahrungsergänzung geführt hat. Sie aber können schon *jetzt* damit beginnen, diese Krankheiten in Ihrem Leben zu vermeiden.

Wird Vitamin C in Form von Ascorbinsäure genommen, kann das zu Magenbeschwerden führen. Besser ist es, eine Mischung aus Calciumascorbat, Magnesiumascorbat und der fettlöslichen Form Ascorbylpalmitat zu verwenden.

Vitamin C hat allerdings die gleichen Kontaktstellen an den Körperzellen wie Glukose. Wer also viele Süßigkeiten isst, aber auch Spaghetti und Kuchen, dessen Zellen erhalten eher Glucose als Vitamin C.

Vitamin C Ester wird zweimal so schnell vom Blut aufgenommen und bleibt zweimal so lange im Körper bioverfügbar wie »normales« Vitamin C. Der Ascorbatgehalt von weißen Blutkörperchen ist bei Verwendung von Vitamin C Ester zweimal so hoch, und Vitamin C Ester verursacht keinerlei Verdauungsprobleme, auch nicht bei Gebrauch von großen Mengen. Ester-C greift auch den Zahnschmelz nicht an. Ester-C enthält wichtige Bioflavonoide, so dass man von Ester-C deutlich weniger braucht, um den gleichen Schutz zu erreichen.

Die wichtigste Ergänzung zu Vitamin C ist das OPC, weil es die Wirksamkeit des Vitamin C etwa zehnfach verstärkt. Außerdem ist es eines der wirksamsten Antioxidantien, die uns zur Verfügung stehen. Es hat keinerlei negative Nebenwirkungen und kann auch praktisch nicht überdosiert werden, obwohl der Tagesbedarf bei nur 50 Milligramm liegt.

Calcium: Es genügt nicht, viel Calcium zu essen, denn Nährstoffe funktionieren nur im Zusammenspiel. Zu viel Calcium veranlasst den Körper, das überschüssige Calcium als Verkalkung im Bindegewebe oder als Ablagerung in den Arterien abzulagern, was beides nicht erwünscht sein kann. Für eine optimale Calciumaufnahme brauchen Sie ausreichend Magnesium, was die Calciumaufnahme aus der Nahrung und die Calciumspeicherung in den Knochen deutlich erhöht, während Sie ohne ausreichend Magnesium schnell Knochensubstanz verlieren. Bei einer zusätzlichen Aufnahme von 500 Milligramm Magnesium brauchen Sie deutlich weniger Calcium, um sogar bei fortgeschrittener Osteoporose eine schnelle Zunahme der Knochendichte zu erreichen. Aber auch Vitamin C ist in diesem Zusammenspiel unverzichtbar, weil es ebenfalls die Calciumaufnahme verbessert bis verdoppelt. Auch andere Wirkstoffe interagieren mit Calcium, so dass die Wirkung umso besser ausfällt. Nehmen Sie daher nie einen einzelnen Wirkstoff, sondern immer eine harmonische Mischung.

L-Carnitin: L-Carnitin hat im Fettstoffwechsel eine Schlüsselrolle: Es transportiert die Fettsäuren aus dem Blut direkt in die Muskelzellen, wo sie von den Mitochondrien, den Energiekraftwerken der Zelle, in Energie umgewandelt werden. So sorgt L-Carnitin für den Abbau von Körperfett, verhindert den alterstypischen Muskelabbau und erhält eine jugendlich, straffe Figur. Es ist besonders wirksam, wenn es eine halbe Stunde vor dem täglichen 30-Minuten-Training eingenommen wird. Es verbessert die Leistungsfähigkeit des Körpers deutlich und stärkt das Immunsystem. Das Körperfett wird in den Fettzellen gespeichert, kann aber nur in den Mitochondrien zur Energiegewinnung verbrannt werden. Für den Transport von der Fettzelle zu den Muskelzellen braucht der Körper L-Carnitin. Je höher der L-Carnitinspiegel ist, desto mehr Körperfett wird transportiert und verbrannt. Zwar produziert auch Ihr Körper L-Carnitin, aber meist nicht genug, um immer schlank und voller Energie zu bleiben. Um den Fettabbau zu beschleunigen, können Sie bis zu drei Gramm L-Carnitin täglich nehmen, ideal natürlich in Verbindung mit ausreichend Bewegung. L-Carnitin unterstützt auch die Entgiftung des Körpers, senkt die Triglycerine und das Cholesterin und hilft bei der Gewichtsabnahme. Bei regelmäßiger Einnahme von dreimal täglich 250 Milligramm hilft es bei der Wiederherstellung und Stabilisierung der Herztätigkeit besser als Q 10 allein. Zur Jungerhaltung des Körpers sollten Sie daher 500 bis 1000 Milligramm täglich einnehmen. L-Carnitin ist ein körpereigener Stoff, der keine schädlichen Nebenwirkungen hat. Neben der körperlichen steigert es auch die geistige Leistungsfähigkeit und erhält sie bis ins hohe Alter. Die Muskulatur ermüdet nicht so schnell, was besonders für das Altersherz wichtig ist.

L-Carnitin wird im Körper überall da gebraucht, wo die Fettreserven in Energie umgewandelt werden sollen. Es hilft also beim verstärkten Abbau von Fettpolstern, strafft die Haut und das Bindegewebe, stärkt die Muskelkraft und die Ausdauer und ist dadurch ein wichtiger Herzschutz. Zudem steigert L-Carnitin die körpereigenen Abwehrkräfte und regeneriert sie bei körperlichen Schwächezuständen, hilft bei degenerativen Gehirnerkrankungen wie Alzheimer und Parkinson und ist generell eine hochwirksame Altersbremse.

Carnosin: Carnosin ist eine Kombination der Aminosäuren Beta Alanin und L-Histidin. Es schützt die Zellen und vor allem die DNA und hat ein hohes Jugenderhaltungspotential, weil es die zelluläre Lebensspanne erweitert. Es verjüngt das Bindegewebe, fördert die Wundheilung und verzögert die Abnahme der Sehfähigkeit. Carnosin verbessert vor allem die Herzleistung, was sich besonders im Alter segensreich auswirkt. Die wirksame Dosis beträgt 1000 Milligramm pro Tag. Wird weniger genommen, kann es sein, dass das Enzym Carnosinase es neutralisiert, so dass keine Wirkung entsteht. Also am besten reichlich zu sich nehmen! Carnosin wirkt biologisch verjüngend auf den gesamten Organismus und ist eine unverzichtbare lebensverlängernde Nahrungsergänzung. Es verjüngt besonders die alternde Zelle und verzögert die Zellteilung. Carnosin hat eine starke antioxidative, vor allem aber eine antiglykolisierende Wirkung und ist ein hochwirksames Agens für Langlebigkeit. Unser Körper besteht zu einem großen Teil aus Proteinen. Leider neigen diese mit der Zeit dazu, durch Oxidation und Verzuckerung zu degenerieren. Carnosin hat sich bei all diesen Proteinmodifikationen als wirksam erwiesen. Carnosin ist somit das derzeit wirksamste natürliche Antiglykolisierungsagens.

Chrom: Erwachsene haben mit fast hundertprozentiger Sicherheit einen Chrommangel und altern so schneller als nötig. Schon 200 Mikrogramm Chrom bewahren Sie vor einem beschleunigten Altersprozess. Chrom verbessert die Wirkung des Insulins, so dass der Körper weniger davon braucht und die Arterien weniger belastet werden. Es gibt allerdings derzeit noch keine zuverlässige Methode, einen Chrommangel festzustellen, weshalb Sie unbedingt vorbeugen sollten. Ein Mangel ist außerdem nicht spürbar, was ihn so gefährlich macht. Biologisch besonders aktiv ist Chrompicolinat, weniger wirksam dagegen ist Chromchlorid, das häufig in Multimineraltabletten verwendet wird. Männer sollten 400 Mikrogramm täglich nehmen, und das am besten schon ab 20, denn der Chromspiegel nimmt mit den Jahren rapide ab, und das Altern beschleunigt sich.

Auch ein erhöhter Cholesterinspiegel kann ohne Chrom nicht auf natürliche Weise gesenkt werden. Chrom ist einer der wirksamsten Stoffe zur Lebensverlängerung. Auch für die Produktion und Aktivierung des Superhormons DHEA, einem der wichtigsten Hormone gegen das vorzeitige Altern, braucht der Körper Chrom, sonst kann nicht genügend DHEA synthetisiert werden. Mit 75 haben Sie durchschnittlich nur noch zehn Prozent des DHEA-Spiegels in jungen Jahren. Stoppen Sie Herzkrankheiten und Diabetes, indem Sie täglich Chrom einnehmen, und verlassen Sie sich dabei nicht auf die Nahrung, denn der Anteil an Chrom ist meist zu gering und wird nicht optimal absorbiert. Sollten Sie gern Süßigkeiten essen, brauchen Sie besonders viel Chrom, denn Zucker vernichtet Chrom. Viel Zucker bei wenig Chrom ist eine versteckte Zeitbombe mit schlimmen Auswirkungen auf Ihre Gesundheit und Ihre Lebenserwartung. Chrom hilft dem Körper, den Zucker und das Insulin im Blut zu senken, bevor es zu irreparablen Schäden kommen kann.

Es dauert gewöhnlich Jahre, bis deutliche Anzeichen

von Chrommangel sichtbar werden, aber dann ist es bereits zu spät. Chrom senkt auch hohe Blutfettwerte, weil es zu einem dichteren Netz von Insulinrezeptoren auf den Zellen beiträgt, was dazu führt, dass Insulin aus dem Blut abgebaut wird und die Fettzellen ihren Inhalt freigeben. Chrom aktiviert deutlich die Tätigkeit und Wirksamkeit des Immunsystems und reduziert Alterungssymptome. Es ist unverzichtbar, wenn Sie gesund alt werden wollen. Nehmen Sie täglich 200 Mikrogramm Chrompicolinat, weil diese Form am besten vom Körper aufgenommen werden kann.

Vitamin D: Um Calcium zu absorbieren, braucht Ihr Körper Vitamin D. Da ältere Menschen seltener in die Sonne gehen und weil die alternde Haut weniger Vitamin D bilden kann, brauchen wir besonders im Alter eine Nahrungsergänzung von etwa 600 IE (15 µg) Vitamin D pro Tag. Besonders wenn Sie gewohnheitsgemäß ein Sonnenschutzmittel nehmen, wird die Aufnahme von Vitamin D verhindert. Aber nehmen Sie es nicht in zu hohen Dosen, denn es ist ziemlich toxisch.

Vitamin E: Vitamin E senkt den Sauerstoffverbrauch des Organismus, indem es seine Nutzung optimiert, was zu einer deutlichen Verringerung der Oxidation führt. Vitamin E schütz die Muskulatur vor oxidativer Zerstörung, was besonders dem unermüdlichem Herzen zugute kommt. Aber natürlich auch Knorpel und Sehnen sowie letztlich jede Zelle erhalten durch Vitamin E einen wirksamen Schutz, und auch bei vielen rheumatischen Erkrankungen ist es erstaunlich hilfreich.

Vitamin E ist so eine hochwirksame Altersbremse, auf die Sie auf keinen Fall verzichten sollten. Es neutralisiert die freien Radikale vor allem in den Blutgefäßen und verhindert nicht nur Entzündungsreaktionen, sondern hemmt auch die mit der Entzündung einhergehenden Gewebeveränderungen und verzögert degenerative Prozesse. Es aktiviert das Immunsystem und schützt vor Krebserkrankungen, indem es das Wachstum der Krebszellen blockiert. Es verhindert die Oxidation des schädlichen LDL-Cholesterins und schützt Gehirn und Nervenzellen vor Degeneration. Es schützt auch vor Grauem Star, Sehverlust und vor den Folgen von Diabetes. Es ist für die Bildung einiger Hormone unverzichtbar, reguliert den Wasserhaushalt im Bindegewebe, macht trockene Haut wieder weicher und glättet Falten auf natürliche Weise. Es hilft bei der Bildung von roten Blutkörperchen und ist für die Neutralisierung von Umweltgiften unverzichtbar. Sogar bei Altersflecken ist es hilfreich.

Folsäure: Viele Menschen haben zwar einen normalen Cholesterinspiegel, aber hohe Homocysteinwerte, was zu einer gesteigerten Blutgerinnung führt. Die Hauptursache für einen Homocysteinanstieg ist ein Mangel an Folsäure, Vitamin B_6 und Vitamin B_{12}. Ein hoher Homocysteinspiegel vervielfacht das Risiko für einen Herzinfarkt oder Schlaganfall. Durch die Einnahme von 400 Mikrogramm Folsäure pro Tag wird das überschüssige Homocystein innerhalb weniger Tage abgebaut und die alternde Wirkung gestoppt. Um jedoch ein Ungleichgewicht zu vermeiden, sollten Sie Folsäure am besten in Verbindung mit den Vitaminen B_6 und B_{12} nehmen. Folsäure ist harmlos, preiswert und eine einfache Methode, die Arterien jung zu erhalten. Fehlt dagegen Folsäure, kann der Körper nicht jung bleiben. Raucher brauchen besonders viel Folsäure, um das gleiche Ergebnis zu erreichen. Offensichtlich ist also nicht Cholesterin der größte Feind unserer Arterien, sondern das Homocystein, eine Aminosäure. Es ist zur Synthese des Erbmaterials unerlässlich, auch für Ihre weißen Blutzellen und Thrombozyten. Es schützt Ihr Gedächtnis, gibt Ihnen einen guten Schlaf und verleiht Ihrer Haut eine frische Farbe.

Ginseng: Ginseng ist in Asien seit Jahrtausenden ein bewährtes Mittel zur Vorbeugung von Krankheiten und zur Erhaltung der Jugend. Diese »Wurzel des Lebens« wurde mit Gold aufgewogen und war früher nur dem Kaiser und seiner Familie vorbehalten. Wenn der Kaiser einen hohen Würdenträger ganz besonders auszeichnen wollte, schenkte er ihm Ginseng. Auch bei den Medizinmännern der Ureinwohner Nordamerikas ist Ginseng seit Jahrtausenden bekannt und hoch geschätzt als »Pflanze des Lebens«. Ginseng harmonisiert die vegetativen Funktionen und aktiviert die Großhirnrinde, fördert den Stoffwechsel und stabilisiert den Hormonhaushalt. Eine lang anhaltende Wirkung wird nur durch eine Kur-Anwendung über längere Zeit erreicht, auch wenn man seine segensreiche Wirkung schon nach einigen Tagen spürt. Ginseng findet Anwendung bei Nervosität und Erschöpfungszuständen, bei Konzentrations- und Gedächtnisstörungen, bei Stress und Schlafstörungen, zur allgemeinen Regeneration und schnelleren Genesung bei Krankheiten oder nach Operationen, vor allem aber zur Verzögerung aller Altersprozesse und zur Jungerhaltung von Körper und Geist.

Ginkgo: Ginkgo verbessert deutlich die Fließfähigkeit des Blutes und wirkt daher besonders segensreich bei gealterten, unelastisch gewordenen Adern. Es entkrampft die feinen Blutgefäße, wodurch die Mikrozirkulation besonders in unterversorgten Bereichen gestärkt wird. Die dadurch verbesserte Durchblutung fördert die Energieproduktion und Entgiftungsprozesse sowie die Zellerneuerung im Körper. Aber auch das Seh- und vor allem das Hörvermögen werden dadurch deutlich optimiert. Ginkgo schützt vor Thrombosen und Infarkt und kann auch bei Impotenz sehr wirkungsvoll sein. Vor allem aber ist es zur vorbeugenden Behandlung von Kopfschmerz und Migräne sehr hilfreich. Es löst Muskelverspannungen und Rückenprobleme und sorgt dafür, dass Sie sich insgesamt viel jünger fühlen. Auch Traurigkeit, Depressionen, sogar Tinitus werden günstig beeinflusst. Die Verwirrtheit älterer Menschen kann damit deutlich gebessert werden, denn Ginkgo hilft gerade bei älteren Menschen besonders stark. Es senkt Bluthochdruck und erhöht das gute HDL-Cholesterin. Mit Ginkgo können Sie Ihre Vergesslichkeit vergessen. Die wirksame Dosis beträgt 100 bis 120 Milligramm pro Tag.

Glutathion: Hohe Glutathionwerte im Blut sind ein wichtiger Indikator für gute Gesundheit und ein langes Leben. Glutathion ist das wichtigste und vielseitigste Antioxidans, das der Körper selbst erzeugt, und es verlangsamt den Prozess, den wir Altern nennen. Ein Glutathionmangel ist eine primäre Ursache für rasches Altern und die Verschlechterung der Körperfunktionen. Glutathion ist in der Lage, Schwermetalle aus Proteinverbindungen herauszulösen, zu binden und auszuleiten.

Glutathion besteht aus den Bausteinen Cystein, Glycin und Glutaminsäure. Es dient der Vorbeugung von Herz-Kreislauf-Erkrankungen und Durchblutungsstörungen, der Stärkung des Immunsystems und als generelle Altersbremse. Es ist in hoher Konzentration in Avocados, Spargel und Wassermelonen enthalten, aber auch in Grapefruit und Kartoffeln, Erdbeeren und Tomaten. Als Nahrungsergänzung reichen 100 Milligramm einmal am Tag zu einer Mahlzeit.

Glutamin: Ein völlig gesunder Mensch braucht vielleicht keine zusätzliche Gabe von Glutamin, aber vor größeren Belastungen, z. B. vor Operationen, sind 20 bis 30 Gramm Glutamin sinnvoll und hilfreich. Glutamin erhöht den Glutathiongehalt des Blutes deutlich besser als Glutathion selbst und ist deshalb allein schon nützlich. Außerdem stärkt es das Immunsystem, verkürzt die Dauer von Krankheiten oft erheblich und beschleunigt die Erholung. Es ist ohne Geschmack, am wirkungsvollsten als Pulver und auch in hoher Dosis ungefährlich. Alle Körperzellen, die sich häufiger teilen, haben einen besonders hohen Bedarf an Glutamin. Das gilt im besonderen Maße für Darmzellen und Leukozyten. Auch bei chronischen Erkrankungen entsteht ein höherer Bedarf an Glutamin, als über die Nahrung aufgenommen werden kann. Bei nervlicher Anspannung und der Neigung zu Gastritis sowie bei erhöhtem Alkoholkonsum ist eine zusätzliche Einnahme von Glutamin sinnvoll.

Knoblauch: Knoblauch enthält eine ganze Reihe von Antioxidantien und ist ein altbewährtes Wundermittel der Natur gegen das Altern, ganz gleich, ob Sie ihn roh, gekocht, in der Pfanne leicht angebraten oder in Kapselform nehmen. Knoblauch beugt den meisten Krankheiten vor, verhindert Arteriosklerose, fördert die Durchblutung des ganzen Körpers, besonders des Gehirns und aktiviert den Stoffwechsel. Seine Wirkstoffe entgiften und entschlacken den Körper, und er ist ein natürliches Antibiotikum ohne Nebenwirkungen, außer vielleicht dem Geruch. Knoblauch senkt hohe Cholesterinwerte, verdünnt das Blut und verbessert so deutlich seine Fließfähigkeit, was die Durchblutung steigert. Dadurch ist er ein natürlicher Jungbrunnen.

Lysin: Lysin ist einer der wichtigsten Bausteine des Bindegewebes, vor allem aber des Kollagens und kann vom Körper selbst nicht hergestellt werden. Lysinmangel führt, wie Vitamin-C-Mangel, zu Bindegewebsschwäche. Der hochdosierte Einsatz von Lysin begrenzt die Ausbreitung fast jeder Krankheit oder kann sie sogar verhindern. Vor allem die Verbindung mit Vitamin C wirkt ungewöhnlich segensreich. Eine Überdosierung ist nicht möglich, aber eine Unterversorgung ist bei fast allen Menschen gegeben. Lysin ist der wichtigste Blocker kollagenverdauender Enzyme, ohne die eine Ausbreitung einer Krankheit im Körper nicht möglich ist. Dadurch wird die Ausbreitung durch den Einsatz von Lysin auf natürliche Weise gestoppt. Auch bei der Arteriosklerose ist die Voraussetzung für eine Ablagerung von Lipoproteinen eine geschädigte Arterienwand. Lysin und Vitamin C halten die Arterienwände glatt und elastisch, so dass die Lipoproteine keinen Ansatzpunkt finden. Eine sinnvolle therapeutische Dosis beginnt bei sechs Gramm pro Tag und kann auf bis zu zehn Gramm erhöht werden. Lysin spielt auch eine wichtige Rolle bei der Optimierung des Immunsystems und senkt die Triglyceride. Bei einem Mangel werden alle vom Lysin abhängigen Prozesse im Körper gestört. Auch bei Herpes-Infektionen ist Lysin sehr hilfreich, ebenso wie bei allen Infektionskrankheiten, die durch Viren verursacht werden, wie Grippe, oder durch Bakterien, wie Lungen-, Mittelohr-, oder Blasenentzündung. Auch bei chronischen Entzündungen des Magens, des Darms und der Gelenke reduziert Lysin die Entzündungen deutlich. Sogar bei allergischen Erkrankungen wie Heuschnupfen oder Neurodermitis ist es in der Lage, wirkungsvoll zu helfen. Auch bei allen Krebsarten ist der hochdosierte Einsatz von Lysin unverzichtbar.

Magnesium: Magnesiummangel beschleunigt deutlich den Alterungsprozess. Er führt beim Menschen zu Ablagerungen in den Gefäßen, zu Herzrhythmusstörungen, erhöhtem Blutdruck, verringerter Insulinproduktion und Stimmungsschwankungen, Unruhe und Aggressionen. Sie sollten also einem Mangel rechtzeitig wirksam vorbeugen, um nicht vorzeitig zu altern und Ihre Lebenserwartung unnötig zu verkürzen. Besonders empfindlich reagieren die Mitochondrien, die Energiefabriken der Zellen, auf Magnesiummangel. Ausreichend Magnesium macht ausgeglichen und belastbar. Auch optimale Nahrung enthält nur in wenigen Fällen ausreichend Magnesium, weshalb eine regelmäßige Nahrungsergänzung von ein bis zwei Mal täglich 300 Milligramm Magnesium unverzichtbar ist, damit Ihre Zellen optimal arbeiten können. Magnesium ist an der Aktivierung von vielen Enzymen beteiligt und schützt vor Stress. Es steigert die Fähigkeit des Körpers, Blutgerinnsel aufzulösen und verhindert die Klebrigkeit von Blutplättchen. Es fördert das gute HDL-Cholesterin und unterdrückt Triglyzeride. Magnesium dämpft außerdem deutlich Allergien und Heuschnupfen. Es sollte besonders abends genommen werden, weil es den guten Schlaf fördert, Sie schneller einschlafen und morgens wesentlich erholter aufwachen. Magnesium ist daher bei Schlafstörungen sehr hilfreich. Außerdem steigert es die Neurotransmitterkapizität im Gehirn, wodurch Sie schneller und optimaler reagieren. Alles in allem bewirkt es einen deutlichen Verjüngungseffekt. Magnesium ist ein wichtiger Baustein besonders der Nervenzellen und sorgt für Ausgeglichenheit und Gelassenheit. Aber es stärkt auch hervorragend das Immunsystem und schützt vor Infektionen.

Unsere Nahrung enthält immer weniger Magnesium, weil die Pflanzen mit Kunstdünger gezogen werden und die Verarbeitung ihren geringen Magnesiumgehalt noch weiter vermindert. Nehmen Sie täglich 400 bis 800 Milligramm als Magnesiumaspartat.

Omega-3-Fettsäuren: Omega-3-Fettsäuren sind unverzichtbar für ein langes und gesundes Leben. Sie haben eine essenzielle Bedeutung für unseren Organismus. Die beste natürliche Quelle für Omega-3-Fettsäuren ist Fisch. Omega-3-Fettsäuren verbessern die Fließfähigkeit des Blutes und verhindern, dass sich die Blutplättchen verklumpen. Sie senken Cholesterin und Triglyceride, wirken blutdrucksenkend und immunstimulierend. Sie erhöhen die Lernfähigkeit und die Denkleistung generell und besonders im Alter, lindern rheumatische Beschwerden, beugen Depressionen vor und schützen vor Herzinfarkt und Schlaganfall. Wenn Sie gesund alt werden wollen, brauchen Sie *täglich* ausreichend Omega-3-Fettsäuren, am besten auch als Nahrungsergänzung, damit selbst ein nur zeitweiliger Mangel ausgeschlossen ist.

OPC: OPC ist die Abkürzung für Oligomere ProCyanidine, ein natürliches Pflanzenextrakt. OPC ist eine Mischung aus ganz bestimmten Oligomeren ProCyanidine. Es ist in den USA patentiert und hat eine ganze Reihe von lebenswichtigen Funktionen. Es ist selbst ein hochwirksames

Antioxidans und vervielfacht die Wirkung von Vitamin C.
Es reduziert Entzündungen, verbessert die Blutzirkulation
und fördert die Beweglichkeit des Körpers durch seine Fähigkeit, sich an Kollagen zu binden. OPC hat dadurch einen Verjüngungseffekt und wirkt wie ein »orales Kosmeti-
kum«. Es schützt Vitamin C davor, zu Dehydroascorbat zu
oxidieren. Es verhindert Histaminbildung, stärkt die Kapillargefässe, Arterien und Venen und verbessert die Beweglichkeit der Gelenke. Es ist nicht toxisch und hat keinerlei
schädliche Nebenwirkungen. Erforscht wurde es von Pro-
fessor Mesquellier aus Bordeaux in Frankreich. OPC ist eine Stunde nach der Einnahme im ganzen Körper nach-
weisbar. In Nahrungsmitteln wird OPC durch Lagerung
und Verarbeitung oft zerstört. Als freie-Radikale-Fänger ist
es zwanzig Mal wirksamer als Vitamin C. OPC lüftet das
Geheimnis, warum Franzosen trotz einer eigentlich eher
ungesunden Lebensweise eine so hohe Lebenserwartung
haben. Denn im Rotwein, der in Frankreich regelmäßig
getrunken wird, ist OPC in hohem Maße enthalten, nicht
dagegen im Weißwein. Das kommt daher, dass nur der
Rotwein mit Stielen und Kernen vergoren wird, und aus
ihnen löst sich das OPC in den Rotwein. OPC regeneriert
Vitamin C, das sich beim Radikalefang verbraucht hat,
und Vitamin C regeneriert Vitamin E, das sich ebenfalls
verbraucht hat, so dass eine geringere Menge OPC ausreicht, um die gleiche Wirkung zu erzielen wie Vitamin C
und Vitamin E. OPC verhindert, dass Blutplättchen zusammenkleben oder sich an Arterienwände anhängen. Die
Stärke und Unversehrtheit unserer Kapillargefäße ist ein

Hauptfaktor für Gesundheit. Ein Mensch ist so alt wie seine Gefäße, und hier kann OPC entscheidend vorbeugen. Denn die herausragendste Eigenschaft dieses Extraktes ist die Verjüngung unseres Gefäßzustandes. OPC durchdringt die Gehirn-Blutschranke und entfaltet dort seine antioxidative Wirkung. So hält es unser Gehirn jung und leistungsfähig. Auch bei Krampfadern kann OPC eine entscheidende Hilfe sein. Es beseitigt auch Ödeme und Schwellungen und verzögert so die Alterung der Haut. OPC ist zudem ein exzellenter Sonnenschutz, weil es die Wirkung der durch die Sonne freigesetzten freien Radikale verhindert. Es verbessert deutlich die Gehirnfunktionen und hilft bei Heuschnupfen und Stress. Es optimiert die Sehkraft und ist besonders für Raucher unverzichtbar, weil Rauchen die freien Radikale vervielfacht, mit allen schädlichen Folgen.

Anfangs ist es sinnvoll, 60 bis 100 Milligramm OPC täglich zu nehmen. Die Erhaltungsdosis beträgt 30 Milligramm. OPC bleibt 72 Stunden im Körper, so dass die ganze Dosis einmal täglich zu einer Mahlzeit genommen werden kann.

Q 10: Die regelmäßige Einnahme von Q 10 verringert und beseitigt eine große Zahl von Gesundheitsproblemen. Vor allem aber verhindert Q 10, dass es überhaupt dazu kommt, dass der Körper Ihnen eine schmerzhafte Botschaft schicken muss. Es trägt wie kaum ein anderer Wirkstoff zur Verbesserung der Lebensqualität bei. Es wirkt heilend und vorbeugend, vor allem *in* den Zellen. Q 10 ist ein wirkungsvolles Antioxidans und kann das bioenergetische Defizit der Zelle beheben. Das führt zu einer deutlichen Steigerung der Herzfunktion. Die regelmäßige Einnahme von Q 10 ist daher besonders im Alter unverzichtbar. Eine wesentliche Rolle dabei spielt der membranstabilisierende Effekt von Q 10. Es ist ein lebenswichtiger Bestandteil der Muskeln, insbesondere des Herzmuskels. Eine nachlassende Herzleistung steht fast immer im Zusammenhang mit einem Mangel an Q 10. Ohne Q 10 gibt es keine Energiebildung und damit kein Leben. Ab dem 40. Lebensjahr nimmt die Eigensynthese von Q 10 im Körper kontinuierlich ab, und es muss regelmäßig zugeführt werden. Fast jeder über 40 hat ein Defizit an Q 10, weil der Organismus mit der Zeit anscheinend die Fähigkeit verliert, das Coenzym Q in das höherwertige Q 10 umzuwandeln, und das kann mit einer noch so guten Ernährung kaum ausgeglichen werden. Besonders bei Diabetes wird viel Q 10 verbraucht, so dass die Mehrzahl der Diabetiker einen Q 10-Mangel aufweist. Auch Übergewichtige leiden meist an einem starken Q 10-Mangel und verlieren ohne Nahrungsumstellung deutlich an Gewicht, wenn der Q 10-Spiegel normalisiert wird. Auch ein starkes Immunsystem ist ohne Q 10 nicht denkbar. Den oxidativen Stress zu mindern heißt, auch deutlich länger zu leben und vor allem gesund zu bleiben. Ist Q 10 ausreichend im Körper vorhanden, reichert es sich dort an, wo Schwierigkeiten und Belastungen auftreten, und bildet so eine starke Abwehr. Je größer der Q 10-Mangel, desto schneller und deutlicher die Besserung, die durch die Einnahme von Q 10 erreicht wird. Jede

Krankheit ist letztlich eine Störung der Bioenergie, und hier ist Q 10 unverzichtbar. So ist bei fast jeder Krankheit durch die Einnahme von Q 10 eine Verbesserung zu erreichen. Nicht nur ältere Menschen sollten Q 10 regelmäßig nehmen, sondern auch Sportler profitieren von der deutlichen Energiesteigerung. Q 10 liefert den Zellen Energie, schützt sie und sorgt gleichzeitig für eine Steigerung ihrer Funktionsfähigkeit.

Die Ursachen für Q 10-Mangel liegen vor allem in Stress, Diäten, dem Alter, Krankheit, falscher Ernährung und starker körperlicher Belastung durch Sport. Q 10 hilft besonders bei Herzerkrankungen, Arteriosklerose, Bluthochdruck, Diabetes, Übergewicht, Nervenleiden, Schlaganfall, Depressionen, Wundheilung, Neurodermitis, Psoriasis und Rheuma. Denn in den Zellen wird die Energiegewinnung aus dem Sauerstoff durch das Q 10 gesteuert und dadurch die Leistung gesteigert. Die Tagesdosis liegt bei 30 bis 100 Milligramm Q 10, aber bei Herzmuskelschwäche oder aus therapeutischen Gründen kann die Dosis auf 400 bis 500 Milligramm gesteigert werden. Überdosierungen sind nicht bekannt.

Selen: Selen ist als essenzielles Spurenelement für den menschlichen Organismus unverzichtbar, der Körper kann es jedoch nicht selbst bilden. Selen ist an vielen lebensnotwendigen Abläufen beteiligt, und die meisten Menschen in Europa haben einen Selenmangel, weil die Böden in Europa nur wenig Selen enthalten.

Selen ist auch ein essenzielles Antioxidans und ein

wichtiger Partner unseres Immunsystems. Besonders im Alter ist daher eine ausreichende Selenzufuhr unverzichtbar. Menschen mit genügend Selen haben ein deutlich geringeres Risiko, an Krebs zu erkranken. Um ausreichend mit Selen versorgt zu sein, brauchen Sie täglich 80 bis 100 Mikrogramm, am besten in Form von Natriumselenit. Obwohl das eine anorganische Verbindung ist, ist seine Bioverfügbarkeit besonders hoch. Es sollte jedoch nicht gleichzeitig mit Vitamin C eingenommen werden, weil es dadurch in eine vom Körper nicht mehr verwertbare Form umgewandelt wird.

Selen hält Viren in Schach. Wem Selen fehlt, der sieht alt aus, wird es aber nicht, denn bei Selenmangel kann das Immunsystem nicht richtig funktionieren, und das Risiko für Krebs steigt deutlich an. Erst das Selen ermöglicht die Bildung der Glutathion-Peroxidase, einer Eiweißsubstanz, die verhindert, dass die Telomere bei jeder Teilung deutlich kürzer werden. Fehlt Selen, ist das Altern eine Frage der Zellteilungshäufigkeit, und der Mensch kann nun mal nicht länger leben als seine Zellen sich teilen können. So ist Selen vielleicht das wichtigste Spurenelement für die Lebensdauer. Selen ist auch von großer Wichtigkeit für die Gehirnfunktion und verbessert deutlich die Gemütsverfassung. Nehmen Sie etwa 100 Mikrogramm Selen pro Tag, aber nicht mehr, da es in hohen Dosen toxisch sein kann.

Zink: Kaum jemand weiß um die altersverhütenden Eigenschaften von Zink. Schon ein leichter Zinkmangel, der bei einer Blutuntersuchung nicht sichtbar wird, vervielfacht die Gefahr von Infektionen und degenerativen Erkrankungen. Bereits 20 Milligramm Zink täglich schützen Sie davor. Besonders wenn Sie Vegetarier sind, ist ein Zinkmangel wahrscheinlich und fast sicher, wenn Sie über fünfzig sind. Fehlt Zink, fällt Ihr Immunsystem in Tiefschlaf, und Ihre Haut lässt Sie viel älter aussehen. Zink ist nicht nur ein hervorragender freie-Radikale-Fänger, es kann auch bereits entstandene Schäden wieder reparieren. Ohne Zink sind Mann und Frau unfruchtbar, und mancher vergebliche Kinderwunsch könnte in Erfüllung gehen, wenn für genügend Zink gesorgt wäre. Mit genügend Zink stellen Sie die biologische Uhr Ihres Immunsystems auf *jung* zurück und bewahren sich vor vielen unnötigen Krankheiten, vor allem vor dem vorzeitigen Altern. Zink ist besonders hilfreich bei allen entzündlichen Erkrankungen wie Rheuma, aber es regt auch die Aktivität der körpereigenen Fresszellen an, die Bakterien, Viren, Krebszellen und Parasiten eliminieren. Wunden heilen deutlich schneller, wenn ausreichend Zink vorhanden ist. Und Zink erhält die Potenz auch bis ins hohe Alter!

Zinkmangel führt außerdem zu Haarausfall, Arteriosklerose und Abmagerung oder zu Störungen des Geschmacks- und Geruchsvermögens, besonders im Alter. Er kann außerdem eine Prostatavergrößerung, aber auch Nachtblindheit, Lernschwäche und Wundheilungsstörungen auslösen. Auch die Produktion des männlichen Geschlechtshormons Testosteron ist von genügend Zink abhängig, ebenso wie eine optimale Gehirnfunktion. Besonders aber die Zellalterung wird durch Zink deutlich verzögert und die Thymusdrüse verjüngt. Ohne genügend Zink kann man nicht jung werden und bleiben. Zink erhöht den Blutalbumingehalt, ein biologischer Indikator von Langlebigkeit, und es ist nie zu spät, sein Leben zu verlängern. Nehmen Sie bis zu 50 Milligramm Zinkpicolinat täglich, möglichst als Teil eines Multi-Mineralsupplements.

Spurenelemente für ein gesundes und langes Leben

Spurenelemente sind Wirkstoffe, die für den Körper unverzichtbar sind, die er aber nur in Spuren von weniger als 100 Milligramm pro Tag braucht. Zu den bekanntesten Spurenelementen gehören Eisen, Kupfer, Selen, Jod, Mangan, Chrom, Molybdän, Germanium und Zink. Durch die intensive Bodenbewirtschaftung, aber auch durch die industrielle Bearbeitung der Nahrungsmittel nimmt ihr Gehalt an Spurenelementen laufend ab. Dabei sind gerade die Spurenelemente das »Salz des Lebens«, denn ohne sie läuft im Körper fast nichts. Ein Mangel an Spurenelementen ist ein sicherer Weg zu vorzeitigem Altern und einer verkürzten Lebenserwartung. Einige Beispiele:

Kupfer aktiviert den Energiestoffwechsel. Es ist ein wichtiger Bestandteil vieler Enzyme, aktiviert das Immunsystem und ist beteiligt an der Bildung der Hormone. Auch die Steuerzentrale der Hormone, die Hirnanhangdrüse, benötigt für ein optimales Funktionieren unbedingt Kupfer. Ohne Kupfer können nicht genügend Neurotransmitter gebildet werden, was unsere Denk- und Merkfähigkeit deutlich reduziert und das Risiko für Krankheiten erhöht.

Jod aktiviert die Schilddrüse. Ist nicht genügend Jod vorhanden, können wichtige Schilddrüsenhormone nicht gebildet werden, die wiederum den gesamten Stoffwechsel steuern. Das zeigt sich in einem geringen Antrieb, langsameren Bewegungen, Stimmungsschwankungen, Verstopfung und Übergewicht. Wenn Sie regelmäßig Fisch essen, haben Sie wahrscheinlich genug Jod, denn es wird nur in Spuren gebraucht. Ansonsten sollten Sie jodiertes Salz verwenden, so dass Ihre regelmäßige Jodversorgung gesichert ist.

Mangan aktiviert die Enzyme. Mangan ist unverzichtbar für die Fettverwertung, den Zuckerstoffwechsel und den Eiweißstoffwechsel. Fehlt Mangan, kann die Bauchspeicheldrüse nicht genügend Insulin produzieren, und auch für die Glutathionsynthese ist Mangan unverzichtbar. Viele unbestimmte Krankheitsbilder sind letztlich auf Manganmangel zurückzuführen, was aber selten erkannt wird. Das können Bandscheibenprobleme sein, Rückenschmerzen, mangelnde Knorpelbildung, Depressionen und Diabetes.

Molybdän optimiert die sexuellen Funktionen, ist aber auch bei der Reduzierung der Altersprozesse von entscheidender Bedeutung und hält die Harnsäurewerte niedrig.

Es vermindert Zahnkaries, erhöht den Muskeltonus und verhindert Magenkrebs. Die tägliche Dosis liegt bei etwa 500 Mikrogramm und sollte zu einer Mahlzeit genommen werden.

Außerdem nehme ich **Eisen, Chrom, Selen, Phosphor und Kobalt.** Geben Sie den Nährstoffen Zeit zu wirken, denn die Erneuerung des Körpers läuft langsam, aber stetig. Die Zellen brauchen etwa sechs Monate, Knochen und Zähne ungefähr ein Jahr, um sich zu regenerieren.

Den Blutdruck senken

Wenn Sie diese Ratschläge befolgen, können Sie Ihren Blutdruck senken und damit viel für Ihre Gesundheit und Fitness tun:

- Essen Sie *täglich* viel Obst und Gemüse.
- Achten Sie auf täglich 30 Minuten altersgerechte Bewegung.
- Hören Sie auf zu rauchen.
- Reduzieren Sie Ihren Salzverbrauch deutlich, aber essen Sie nicht salzlos.
- Vermeiden Sie Stress.
- Lernen Sie in heiterer Gelassenheit zu leben.

Nehmen Sie täglich mindestens ein bis drei Gramm Vitamin C.

Trinken Sie roten Traubensaft, essen Sie rote Trauben und trinken Sie, wenn Sie mögen, ein bis zwei Gläser Rotwein am Tag.

Essen Sie Knoblauch, so viel Sie mögen.

Versuchen Sie, täglich zwei Stangen Sellerie zu sich zu nehmen.

Nehmen Sie genügend Magnesium, Kalium und Kalzium zu sich.

Trinken Sie mindestens zwei Liter Wasser täglich.

Eiweiß

Im menschlichen Organismus zerfallen täglich etwa 300 Gramm Eiweiß. Würden wir so viel Eiweiß täglich essen, würden wir uns damit vergiften. Aber woher kommt das Eiweiß, das wir zum Leben brauchen? Eiweiß besteht aus Stickstoff, Sauerstoff, Wasserstoff, Kohlenstoff und einigen chemischen Elementen, die auch in unserer Atemluft enthalten sind. Offensichtlich ist unser Organismus in der Lage, verbrauchtes Eiweiß aus dem Luftstickstoff zu ersetzen. Aber können wir denn Energie aus der Umwelt aufnehmen? Wir tun es ständig. Wir erwärmen uns in der Sonne, wir werden nass, wenn wir baden.

Ein Neugeborenes verdoppelt sein Gewicht in 180 Tagen, wenn es ausschließlich von Muttermilch ernährt wird. In 100 Gramm Muttermilch sind aber nur zwei Gramm Eiweiß enthalten und eine winzige Menge an Fett und Kohlehydraten. Das reicht für diese Gewichtszunahme keineswegs aus. Könnte es sein, dass wir über die Atmung die fehlenden Stoffe aufnehmen? Das erscheint die einzige logische Erklärung. Die Atmung ist bei allen wichtigen Prozessen in unserem Organismus beteiligt und sicher auch beim Stoffwechsel. Aber eine natürliche Atmung ist nicht denkbar ohne die richtige Ernährung, ausreichende Bewegung und harmonisches Denken. Dabei können wir die Atemenergie in jeden beliebigen Körperteil lenken, einfach durch unsere Absicht.

Vielleicht gehören auch Sie zu den Menschen, die bei Eiweiß sofort an Fleisch denken und es mit »falsch« und »krankmachend« assoziieren. Das führt dazu, dass viele Menschen, besonders ältere, zu wenig Eiweiß im Blut haben. Dabei macht Eiweiß gar nicht krank. Es sind vielmehr die mitgegessene Harnsäure, die Triglyceride und das mitgegessene Cholesterin, die ungesund sind. Eiweiß ist der Grundbaustein des Lebens und wird besonders im Alter stärker benötigt, weil mehr »Reparaturen« anfallen. Gleichzeitig wird ein immer geringerer Teil vom Körper absorbiert, so dass das Angebot mit zunehmendem Alter erhöht werden sollte. Da man aber im Alter weniger Kalorien braucht, isst man eher weniger, so dass immer weniger Eiweiß zur Verfügung steht. Da sind Mangelerscheinungen nicht mehr zu vermeiden. Der Eiweißmangel entsteht oft durch Appetitmangel, durch einseitige Ernährung, durch Kauprobleme und Schluckbeschwerden, so dass weniger tierisches Eiweiß oder eiweißreiches Gemüse auf dem Speisezettel stehen. Eiweißmangel schwächt das Immunsystem, und die Muskeln werden abgebaut. Leben ist Eiweiß, und auch gute Laune braucht Eiweiß. Acht der Aminosäuren sind essenziell, das heißt lebenswichtig – und Eiweiß gehört dazu. Ohne Eiweiß läuft in Ihrem Körper gar nichts.

Wenn Sie abends die Socken ausziehen und vom Tragen einen Abdruck am Fuß haben, dann ist das ein sicheres Zeichen für einen deutlichen Eiweißmangel und höchste Zeit, etwas zu tun. Eiweißmangel betrifft den ganzen Körper und erhöht das Sterberisiko. Dabei ist das Problem einfach und zuverlässig zu lösen. Es genügt, das Bewusstsein darauf zu richten und dem Körper genügend Eiweiß anzubieten. Nehmen Sie notfalls ein hochwertiges Eiweißpulver, wie es Bodybuilder verwenden, um Ihrem Körper ständig genügend von dem Grundbaustein des Lebens zur Verfügung zu stellen.

Zur optimalen »artgerechten Ernährung« sei gesagt, dass tierisches Eiweiß möglichst ganz vom Speiseplan verschwinden sollte, wenn Sie es ernst meinen mit der vollkommenen Gesundheit. Wir haben zwar gelernt, mit Fleischnahrung zu überleben, aber artgerecht war sie nie. Die Mikroorganismen in unserem Dickdarm haben die Fähigkeit, alle Grundbausteine des Eiweiß selbst zu produzieren, und das aus rein pflanzlicher Nahrung.

Ein langes Leben durch Grünen Tee

Seit Jahrtausenden ist die verjüngende Wirkung des Grünen Tees bekannt. Sie ist eines der Gesundheitsgeheimnisse der Asiaten. Inzwischen ist der Grüne Tee auch bei uns zu einem beliebten Getränk geworden. Er entfaltet seine spezielle Wirkung besonders gut, wenn er zu einer Mahlzeit getrunken wird.

Die wirksamen Radikalefänger im Grünen Tee sind die Catechine, die zu den Polyphenolen gehören. Der antioxidative Effekt des Grünen Tees ist 20 Mal stärker als das bewährte Vitamin E und fast so wirksam wie Rotwein. Außerdem neutralisiert der Grüne Tee die zellzerstörenden Nitrosamine von Pökelfleisch und die Amine, die beim Kochen von Fleisch entstehen, so dass die gesundheitlichen Risiken des Fleischessens durch den Grünen Tee deutlich gemildert werden. Wenn Sie täglich zwei Milligramm Grünteeextrakte einnehmen, erzielen Sie eine ähnliche Wirkung.

Die Wirkstoffe des Grünen Tees

Grüner Tee enthält:

Das Spurenelement **Mangan:** Es ist Bestandteil zahlreicher Enzyme und daher an lebensnotwendigen Prozessen beteiligt, wie dem Aufbau des Bindegewebes, dem Fett- und Eiweißstoffwechsel. Es sorgt dafür, dass Calcium aus der

Nahrung den Knochen zugeführt wird, und beugt damit wirksam der Osteoporose vor.

Fluor wird für das Wachstum und die Stabilität der Knochen und Zähne benötigt. Fluormangel begünstigt Karies.

Bitterstoffe: Grüner Tee enthält viele Bitterstoffe, die unter anderem die Verdauung anregen. Zum Beispiel EGCG (Epigallocartechingallat), das bei der Entstehung von Lungenkrebs stark hemmend wirkt. Es tötet Viren, senkt den Blutzuckerspiegel von Diabetikern und verhindert Herzinfarkte. Es hat die gleichen blutgerinnungshemmenden Eigenschaften wie Aspirin. EGCG verhindert, dass Blutplättchen zusammenkleben, und beugt damit wirksam Herz-Kreislauf-Erkrankungen vor.

Flavonoide senken Bluthochdruck, den Cholesterinspiegel und die Blutgerinnung, ebenso das Risiko von Magen-, Darm- und Brustkrebs. Zudem erhöhen sie die Wirkung von Vitamin C sowie das »gute« HDL-Cholesterin, während der »schlechte« LDL-Cholesterinspiegel gesenkt wird.

Koffein: Im Grünen Tee ist das Koffein an Gerbsäure gebunden, so dass es verzögert in den Kreislauf gelangt. Dadurch wirkt es als milderes Tonikum, das dafür länger anhält.

Vitamine: Das wasserlösliche B-Vitamin Thiamin ist unentbehrlich für die geistige Tätigkeit, macht wach und steigert deutlich die Konzentration. Außerdem enthält Grüner

Tee ungewöhnlich viel Vitamin C, das an Substanzen ge-
koppelt ist, die verhindern, dass es durch das Erhitzen zerstört wird. Es wirkt entzündungshemmend und aktiviert
das Immunsystem. Es spielt eine entscheidende Rolle bei
der Vorbeugung und Heilung der Arteriosklerose und
senkt das schädliche LDL-Cholesterin.

Saponine binden Fett, hemmen das Wachstum von Pilzen
und sind hochwirksam bei Fettstoffwechselerkrankungen.

Psychoaktive Substanzen: Viele der im Grünen Tee enthaltenen Substanzen sind besonders in ihrer Kombination
ungewöhnlich wirksam. Koffein, Thiamin und die ätherischen Öle sorgen nicht nur für das angenehme Aroma
und den besonderen Geschmack, sondern wirken auch als
Stressbremse, indem sie unser Nervensystem vor Reiz-
überflutung schützen und den Gehirnzellen die benötigten Energien geben. Sie bauen auch Spannungen ab, erhöhen die Aufmerksamkeit, steigern die Phantasie, machen
munter, aber nicht nervös und verbessern deutlich das Ur-
teilsvermögen. Sie führen zu einer heiteren Gelassenheit
und steigern die Lebensfreude.

Den Hormonspiegel optimieren

Mehr als 20 verschiedene Hormone steuern lebenswichtige und für das Wohlbefinden notwendige Funktionen im
Körper. Es ist unbestritten, dass ein Mangel an Hormonen

das Altern deutlich beschleunigt, eine Hormongabe dagegen sogar bereits bestehende Alterserscheinungen wieder rückgängig machen kann. Ab einem gewissen Alter reicht selbst eine optimale Lebensweise nicht mehr aus, um den Hormonspiegel auf einem idealen Niveau zu halten. Ein niedriger Hormonspiegel ist für die Körperzellen ein Zeichen, dass der Körper gealtert ist, und entsprechend »alt« reagieren sie auch. Unser Hormonspiegel sinkt nicht, weil wir altern, sondern wir altern, weil unser Hormonspiegel sinkt.

Worauf es ankommt, ist, die jungerhaltenden Hormone zu fördern und die Altersbeschleuniger zu vermeiden oder zu reduzieren. Das geschieht vor allem über die »Schaltzentrale Gehirn«. Unseren Hormonspiegel auf natürliche Weise zu optimieren, beginnt damit, dass wir zunächst einmal das Falsche vermeiden. Die jungerhaltenden Hormone können wir durch unsere Nahrung sehr begünstigen. Besonders reich an Phytohormonen sind sämtliche Sojaprodukte. Sojamilch, Sojajoghurt und Tofu, aber auch Leinsamen und Kürbiskerne. Überhaupt enthält natürliche und frische Nahrung alles, was wir zur Gesunderhaltung und zum Jungbleiben benötigen, nur nicht immer ausreichend, so dass wir den Mangel mit einer sinnvollen Nahrungsauswahl und Nahrungsergänzung ausgleichen können.

Machen Sie sich so Ihre jungerhaltenden Hormone selbst. Dazu gehören auch ausreichende Bewegung, richtige Entspannung und guter Schlaf. Schlafen Sie sich jung und schön. Dazu sollte es nachts wirklich ganz dunkel sein, und der Raum sollte kühl sein. Aber auch durch viel Grünen Tee und Beta-Karotin können Sie Ihren Körper anregen, mehr Melatonin auf natürliche Weise zu produzieren.

Die Phytoöstrogene finden Sie in den Sojaprodukten, in Salbei und Silberdistel und im Gelee Royal. Sie haben die gleiche schützende Wirkung, aber keine Nebenwirkungen.

Den Testosteronspiegel können Sie ebenfalls auf natürliche Weise optimieren. Sehr hilfreich ist seit Jahrtausenden der Ginseng. Aber auch Zink, z. B. in Weizenkeimen, kann den Testosteronspiegel auf natürliche Weise heben. Sehr wirksam und grundsätzlich wichtig für einen gesunden Körper sind eine Gewichtsreduzierung und regelmäßige körperliche Betätigung im aeroben Bereich, also so, dass Sie dabei nie außer Atem kommen. Und natürlich sollten Sie Alkohol und Nikotin möglichst meiden, denn diese Giftstoffe machen alles wieder zunichte. Hilfreich dagegen ist das Heilkraut »Tribulus terrestris«.

Besonders wirksam ist die Ausrichtung Ihres Bewusstseins. Ein gesundes und jugendliches Selbstbild, eine erfüllende Tätigkeit, eine harmonische Beziehung und viel Lebensfreude regen die Hypophyse und die Zirbeldrüse an und harmonisieren Ihre Schilddrüse, so dass Sie auf ganz natürliche Weise auch hormonell gesund und jung bleiben.

Melatonin

Besonders Melatonin stellt die Zelluhren zurück. Melatonin kann eine ganze Reihe von Krankheiten, wie Alzheimer, Arthritis, Diabetes, Krebs, Parkinson und Magengeschwüre, verhindern oder doch deutlich abschwächen. Es bietet einen zusätzlichen Schutz gegen Viren, Bakterien und Parasiten aller Art und verzögert das Altern. Es trägt vor allem dazu bei, die nächtliche Erholungs- und Reparaturphase des Körpers zu optimieren. Es ist ein Antioxidans und hilft, hohen Blutdruck und einen zu hohen Cholesterinspiegel zu senken. Es hat sich gezeigt, dass die Melatoninproduktion des Körpers steigt, wenn man vor dem Schlafengehen ein Gramm Tryptophan einnimmt. Melatonin wird in der Zirbeldrüse produziert und ist eines der wichtigsten Hormone für Gesundheit und ein langes Leben, weil es alle körpereigenen Hormone steuert und für einen ausgeglichenen Hormonhaushalt sorgt. Es ist ein Teufelskreis: Je älter wir werden, desto weniger Melatonin produziert die Zirbeldrüse und desto schneller werden wir alt. Dabei ist es unglaublich, was Melatonin alles kann: Es schützt vor krebserregenden Stoffen in der Umwelt, hemmt aber auch die Wirkung von freiwillig zugeführten Giften wie Alkohol oder Nikotin. Es verbessert deutlich den Schlaf und erhöht vor allem die Schlafqualität. Es beugt dem Grauen Star vor, hemmt die Gewichtszunahme und vor allem die Schwerfälligkeit des Alters. Außerdem fördert es die Bildung von Knochenmarkzellen und beugt krankhaften Zellveränderungen wirksam vor. Es verringert die Faltenbildung, fördert den Haarwuchs und lindert Menstruationsbeschwerden. Es fördert die Spermienbildung und erhöht die Stärke und Dauer der Erektion. Zudem bringt es mehr Ruhe, Entspannung und Ausgeglichenheit, lindert Depressionen und mindert Nervenschmerzen. Es verbessert deutlich die Lebensqualität im Alter und macht Zellalterungsprozesse rückgängig, indem es das Wachstumshormon stimuliert. Es schützt das Immunsystem vor dem Altern, verzögert die Menopause der Frau um viele Jahre und bewahrt der Frau die Lust auf Sex. Nicht zu vergessen, stabilisiert es den biologischen Rhythmus und spielt eine bedeutende Rolle bei der Gesunderhaltung des Herzens durch die Stimulierung der Ausschüttung von HGH, wodurch die Muskulatur des Herzens gestärkt wird. Es gelangt direkt zum Zellkern und kann so die DNA innerhalb der Zelle verteidigen, vor allem gegen freie Radikale. Es steuert die Lebensuhr und stellt die Zelluhren zurück. Melatonin ist ein Signal für den Körper, die Leistung verschiedener Bereiche zu senken, um die Lebensdauer zu erhöhen. Melatonin regelt gewissermaßen den »Leerlauf« des Körpers. Im Leerlauf können die Systeme besser erneuert werden, damit sie danach wieder die optimale Leistung bringen.

Melatonin hat eine gefäßschützende Wirkung, schützt vor Krebs und bindet freie Radikale. Das Melatonin-Molekül ist so klein, dass es in die Zellen und Zellzwischenräume eindringen kann, wo größere Moleküle nur schwer hinkommen. Melatonin hat also einen doppelten alterungsverzögernden Effekt: einerseits die Ruhigstellung der

Energiesysteme des Körpers über Nacht, so dass sie überholt und optimiert werden können, andererseits die Verhaftung und Neutralisierung der freien Radikale, die das Altern beschleunigen und vielleicht sogar erst verursachen. Außerdem stimuliert Melatonin andere Schutzsysteme gegen freie Radikale.

Ist Melatonin in genügender Konzentration vorhanden, kann es auch die Aktivität der weißen Blutzellen beeinflussen und so das Immunsystem stärken. Zerstörte Blutzellen werden unter Mitwirkung von Melatonin neu aufgebaut.

DHEA

DHEA verhindert, dass dem Körper zugeführte Kalorien als Depotfett gespeichert werden, und ist daher ein wichtiger Hüter der schlanken Linie. Darüber hinaus fördert es den gesunden Schlaf und verbessert deutlich das Allgemeinbefinden. Männer reagieren auf täglich 25 Milligramm DHEA mit einer Potanzsteigerung und spüren eine antidepressive Wirkung.

DHEA ist die Abkürzung von Dehydroepiandrosteron und wird in den Nebennieren gebildet. Es ist die Substanz, die bewirkt, dass man morgens munter wird und sich einfach gut fühlt. DHEA schützt die Gehirnzellen, verbessert das Gedächtnis und verlängert die Lebensdauer. Aber es schneidet auch den Krebszellen die Nahrungszufuhr ab. Es erhält die Vitalität der frühen Jahre. Im Alter sinkt der

DHEA-Spiegel, und der Stoffwechsel wird von Aufbau (Anabolismus) auf Abbau (Katabolisinus) umprogrammiert. Ein Erhöhen des DHEA-Spiegels kann diesen Vorgang hinauszögern. DHEA ummantelt die Nerven gegen Stress und verlängert das Leben der Gehirnzellen. Ein niedriger DHEA-Spiegel tritt bei fast jeder schweren Erkrankung auf, und eine Erhöhung beschleunigt die Heilung und verbessert die Stimmung. Das Gefühl des »Burnout« verschwindet, und Sie fühlen sich deutlich besser.

DHEA gibt Ihnen mehr Energie, stärkt das Immunsystem, verbessert die Stimmung und das Gedächtnis und steigert die Libido. Es verringert das Körpergewicht, baut Muskeln auf, führt zu stärkeren Knochen, ist bei Krebs und Autoimmunkrankheiten hilfreich und verzögert deutlich das Altern.

Eine besonders hilfreiche Kombination besteht aus DHEA und L-Carnitin oder B-Vitaminen. Dadurch wird der Stoffwechsel regelrecht auf jung programmiert.

Die tägliche Zufuhr von DHEA reduziert Herz-Kreislauf-Erkrankungen um fast 50 Prozent und kann das Entstehen von Krebszellen verhindern. DHEA ist das Anti-Stress-Hormon des Körpers. DHEA ist eine generelle Altersbremse und wirkt direkt lebensverlängernd. Wer sich in seiner Haut rundum wohl fühlen will, braucht genügend DHEA, denn es konserviert die Vitalität der frühen Jahre, programmiert den Stoffwechsel auf jung und hat (fast) die gleiche Wirkung wie optimale Gene.

HGH

HGH, das Wachstumshormon, ist der Meisterschlüssel zur Jugend. Durch HGH wird das gesamte endokrine System auf ein jugendliches Niveau gehoben und gehalten. Bestimmte Nahrungsmittel können die Epiphyse veranlassen, mehr HGH freizusetzen. Dazu gehören Aminosäuren, vor allem Arginin, aber auch Lysin, Ornithin, Glutamin und Glycin. Natürlich kann es auch, allerdings nur ärztlich überwacht, injiziert werden. HGH steigert die Bereitschaft und Fähigkeit des Körpers, sich gegen Krankheiten schon im Entstehen zu wehren und sie gar nicht erst aufkommen zu lassen. Um diesen besonderen Effekt zu bewirken, sollte die Hauptausschüttung des HGH während des Schlafes erfolgen. Die beste Methode, sicherzustellen, dass Ihr Körper einen optimalen HGH-Spiegel hat, ist, ihn selbst herzustellen. Dazu gehört die Anregung und Aktivierung der Hypophyse und der Zirbeldrüse. Auch die abendliche Einnahme von Arginin und Ornithin fördert die Ausschüttung des körpereigenen HGH. Dabei sollte die reichliche Versorgung mit Magnesium, Zink, Vitamin C und Vitamin B gesichert sein. Auch das Dinner-Cancelling steigert die Bildung des körpereigenen Wachstumshormons. Das Abendessen unterdrückt nämlich die segensreiche HGH-Produktion.

HGH ist das Jugendlichkeitshormon schlechthin, kann aber (noch) nicht eingenommen werden, weil das HGH-Molekül im Verdauungsprozess aufgespalten wird und dabei die Wirkung verliert.

Östrogene und Testosteron

Auch Östrogene bewahren Jugend und Schönheit. Sie haben eine großartige Wirkung auf Haut und Haare, auf das
Herz-Kreislauf-System, die Knochen und Gelenke und vor
allem auf die Psyche. Östrogene können die Osteoporose
bremsen. Sie bewahren vor Hitzewallungen, Schlafstörungen und Depression, doch zu viel fördert Brustkrebs. Eine
Östrogenersatztherapie ist eine der ältesten Anti-Aging-
Methoden überhaupt.

Testosteron ist das Hormon des inneren Antriebs und
der Dynamik. Es steigert die körperliche und geistige Leistungsfähigkeit, reguliert die innere Dynamik, den Antrieb
und die Potenz. Glücklichsein und als Gewinner leben
steigert enorm die natürliche Produktion von Testosteron.
Es fördert den Muskelaufbau, festigt die Knochen und ist
wichtig für Durchsetzungsvermögen und Selbstvertrauen.

Stress und Alkohol killen Testosteron, machen schlapp
und müde. Ginseng und Zink, aber auch Bewegung erhöhen den Testosteronspiegel auf natürliche Weise. Hilfreich
sind auch Phytohormone wie Soja.

Insulin und Cortisol

Auf der »anderen Seite« stehen die beiden alt machenden
Hormone Insulin und Cortisol. Insulin wird vor allem
dann ausgeschüttet, wenn unsere Nahrung viel Zucker
enthält. Es bewirkt unter anderem die Bildung von Fett-

depots im Körper. Das Stresshormon Cortisol baut ebenfalls Fettgewebe auf und Muskelgewebe ab, und es schwächt unser Immunsystem und die Knochen. Beide beschleunigen das Altern. Cortisol entsteht vor allem bei Stress und ist eine unmissverständliche Aufforderung, unser Leben harmonisch und fließend zu gestalten. Stress entsteht immer nur dann, wenn Sie versuchen, in einer zur Verfügung stehenden Zeit mehr zu schaffen, als man in dieser Zeit schaffen kann. Das ist zwar noch nie gelungen, aber trotzdem versuchen wir es immer wieder. Entrümpeln Sie Ihr Leben, schaffen Sie täglich Inseln der Muße, machen Sie sich keine Sorgen, und es gibt keinen Grund für den Körper, Cortisol zu produzieren. Insulin und Cortisol beschleunigen das Alter. Dabei ist es ganz einfach, den Zuckerkonsum drastisch zu reduzieren, so dass ganz natürlich deutlich weniger Insulin ausgeschüttet wird.

Das Wunder Wasser

Wasser ist der Ursprung allen Lebens. Vor Millionen von Jahren war die Erde völlig mit Wasser bedeckt. Alles Leben entstand im Meer, aber der Mensch ist sich seiner Herkunft aus dem Meer nicht mehr bewusst. Betrachtet man aber eine Samenzelle, stellt man fest, dass sie zu 99 Prozent aus Wasser besteht. Der Beginn menschlichen Lebens ist also auch noch heute nichts anderes als Urmeer-Wasser. Als die ersten Lebewesen das Meer verließen, bedeutete dieses grenzüberschreitende Abenteuer großen Stress und die Gefahr, auszutrocknen. Um das zu vermeiden, entwickelte der Körper ein Krisenmanagement bei Wassermangel, das noch heute im menschlichen Körper wirkt. Dabei kommt es aber nur zu einer Notversorgung, die eine große Belastung für den Körper darstellt.

Ohne Wasser ist Leben auf dieser Erde nicht möglich. Wasser ist ein Transportmittel und ein unverzichtbares Lösungsmittel. Die meisten Reaktionen der Zellen finden im wässrigen Milieu statt. Vitamine, Hormone und Enzyme können nur dann ihre volle Wirkung entfalten, wenn der Körper gut mit Wasser versorgt ist. Daher sollten wir die Qualität unseres Wassers nicht vergessen. Wir bestehen zu 70 Prozent aus Wasser, da spielt die Qualität eine entscheidende Rolle: nicht nur seine Reinheit, sondern vor allem die Energie und die Information des Wassers. Wasser ist der wohl wichtigste Informationsträger, denn das Wasser der Samenzelle enthält alle Informationen des Lebens und gibt diese Informationen an das werdende Wesen weiter. Bevor wir geboren werden, tragen wir so schon alles Wissen des Lebens in uns. Das Wasser regelt aber auch alle Funktionen des Organismus, vom Stoffwechsel bis zum Denken. Dadurch wird verständlich, wie wichtig die Qualität des Wassers ist, das wir täglich trinken, und vor allem, welche Informationen es enthält und an uns weitergibt. Das Wasser wird zwar im Klärwerk von vielen Belastungen befreit, nicht aber von negativen Informationen. Quarzkristalle im Wasser geben dem Wasser seine natürliche Struktur und Information zurück. Es ist ein Informationsspeicher, der in jedem Augenblick unser SOSEIN widerspiegelt. Etwa drei Viertel unseres Körperwassers befinden sich im Inneren der Zellen, das andere Viertel verteilt sich auf das Blut und den interzellulären Raum. Wasser transportiert Mineralstoffe und Spurenelemente, reguliert die Körpertemperatur, fördert die Entschlackung, hält Verdauung und den Kreislauf in Schwung und reguliert den Blutdruck. Es ist verwunderlich, dass wir dem so wenig Aufmerksamkeit schenken, wo es doch ausreichend und fast kostenlos zur Verfügung steht.

Unser wasserreichstes Organ ist die Niere, gefolgt von Herz und Lunge mit jeweils etwa 80 Prozent Wasser. Selbst unsere Muskeln und das Gehirn bestehen zu 75 Prozent aus Wasser. Der Körper hat aber kein Wasserreservoir, so dass eine ausreichende und regelmäßige Wasserzufuhr lebensnotwendig ist, zumal der Körper ständig Wasser ausscheidet. Über die Nieren etwa einen Liter pro Tag und über die Haut und Lungen ebenfalls etwa einen Liter. Das heißt, der Körper verbraucht ständig Wasser und benötigt täglich zusätzlich zur Nahrung zwei bis drei Liter Wasser, um optimal versorgt zu sein, bei starkem Schwitzen bedeutend mehr. Das heißt, dass die meisten Menschen mit dem lebensnotwendigen Wasser unterversorgt sind.

Eine sportwissenschaftliche Studie zeigt, dass 95 Prozent der Kinder zu wenig trinken, was die Konzentrations- und Lernfähigkeit deutlich reduziert. Aber auch 48 Prozent der Erwachsenen und 70 Prozent der Älteren trinken eindeutig zu wenig, um das »System Mensch« optimal zu nutzen. Dabei führt das Trinken von ungesunden Getränken leicht zu der Überzeugung, ausreichend zu trinken. Besonders Jugendliche trinken oft täglich mehrere Dosen Cola oder Limonade und glauben, ihren Körper ausreichend mit Wasser zu versorgen, was aber nicht stimmt. In Wirklichkeit trocknen sie ihren Körper aus und werden dadurch anfällig für viele Krankheiten.

Wir glauben fälschlicherweise, unser Körper brauche keine Flüssigkeit, wenn wir keinen Durst haben, aber das ist ein Trugschluss, denn Durst ist ein sehr unzuverlässiges Signal. Durst ist oft das letzte Signal in einer langen Reihe von Warnsignalen des Körpers, die wir dann als Krankheit erleben. Wenn der Körper einen Wassermangel hat, verteilt er das Wasser nach der Priorität »Lebenswichtigkeit«. Erst wenn wirklich genügend Wasser zur Verfügung steht, können alle Funktionen optimal ablaufen. Wasser hat die Kraft, unseren Körper gesund zu erhalten, vorausgesetzt, der Körper hat wirklich genug davon zur Verfügung. Sorgen Sie also dafür, dass es keine »Dürreperioden« mehr für Ihren Körper gibt, denn das beschleunigt das Altern immens. Die Dehydrierung ist leider viel weiter verbreitet, als man glaubt. Dabei ist ein trockener Mund das *letzte* Signal für eine bestehende Dehydrierung. Und viele Menschen haben eine ständige Wasserknappheit im Körper, ohne es zu bemerken. Dabei ist Wasser selbst das beste Entwässerungsmittel. Bei Schmerzen gleich welcher Art sollten Sie *zuerst* sicherstellen, dass kein Wassermangel im Körper besteht. Bei Neigung zu Migräne ist es die beste Vorbeugung, genügend zu trinken. Auch Verdauungsbeschwerden sind ein Notruf des Körpers und weisen fast immer auf Wassermangel hin. Und natürlich ist ganz normaler Stress ein Signal für Wassermangel. Es ist das Wasser, das alle Funktionen des Körpers reguliert, und wenn es daran mangelt, können diese Funktionen nicht optimal ablaufen. Sogar bei der Alzheimerkrankheit ist die Hauptursache eine Dehydrierung des Körpers, speziell der Gehirnzellen. Bei länger anhaltendem Wassermangel beginnen die Gehirnzellen zu schrumpfen und verlieren dabei viele ihrer Funktionen. Die Unterversorgung mit Wasser ist auch oft die eigentliche Ursache für Gedächtnisstörungen und Erinnerungsausfälle im Alter und nicht, wie allgemein angenommen wird, die Verkalkung. Dabei scheidet der Körper auch lebenswichtiges Kalium aus, was zu Herzrhythmusstörungen führt, weil er verzweifelt versucht, das Defizit auszugleichen, indem er mit Natrium Wasser bindet. Am Ende steht dann oft der Bluthochdruck.

Auch Schmerzen in den Gelenken können ein Hinweis darauf sein, dass die Knorpel der Gelenke nicht mehr ausreichend mit Wasser versorgt sind. Das ist »Gelenkdurst«. Auch eine Depression ist oft in Wirklichkeit »Gehirndurst« und kann, wie jeder Durst, leicht behoben werden.

Sogar Arthrose ist durch Wasser mit einer Prise Salz zu lösen. Und es verbessert deutlich den Schlaf, wenn Sie vor dem Schlafengehen ein Glas Wasser trinken und etwas Salz auf die Zunge nehmen. Es wirkt besser als eine Schlaftablette und hat keine Nebenwirkungen. Genügend Wasser optimiert alle Zellfunktionen und steigert die Vitalität.

Fast alle Menschen leiden unter Wassermangel. Sie können das auch daran erkennen, wenn der Urin nicht mehr wasserhell, sondern gelblich gefärbt ist. Der sollte immer farblos sein, sonst ist das ein Zeichen dafür, dass Ihre Nieren zu schwer arbeiten müssen. Je stärker die Verfärbung, desto größer ist der Wassermangel des Körpers. Und der ist nicht mit Kaffee oder Limonade zu beheben, sondern *nur* mit Wasser. Hat der Körper Wassermangel, gerät er in Stress. Das spüren Sie unmittelbar als innere Unruhe, und es ist eine unnötige Belastung. Aber auch Bluthochdruck zeigt den Wassermangel des Körpers, der damit versucht, ihn auszugleichen. Alkohol führt ebenfalls zu Wassermangel im Körper, denn er unterdrückt die Sekretion von Vasopressin aus der Hypophyse. Der Mangel an Vasopressin aber führt zu einer kompletten Dehydrierung, besonders in den Gehirnzellen. Ausreichend zu trinken und Wassermangel zu vermeiden ist eine der besten Maßnahmen gegen vorzeitiges Altern. Auch bei allen Rückenschmerzen sollte als Erstes ausreichend getrunken werden, denn ausgetrocknete Muskeln und Bandscheiben sind häufig deren Ursache. Sogar erhöhte Cholesterinwerte können Zeichen einer Dehydrierung sein. Verlassen Sie sich dabei nicht auf Ihren Durst, der im Alter noch dazu verschwindet. Denn vor allem brauchen unsere Zellen ständig Wasser, um optimal zu funktionieren, insbesondere unsere Gehirnzellen. Das Wasser in Obst und Gemüse ist sehr gutes Wasser, Milch dagegen entzieht dem Körper Wasser, ebenso wie Kaffee. Deshalb wird in vielen Ländern zu jeder Tasse Kaffee als Ausgleich ein Glas Wasser serviert. Wenn Sie Milch trinken, sollten Sie immer die gleiche Menge Wasser zu sich nehmen. Besser wäre es, den Verzehr von Milch und Milchprodukten stark zu reduzieren, denn trotz gegenteiliger Empfehlung hat Milch viele Nachteile. So haben Milchtrinker den niedrigsten Kalziumgehalt im Blut und können Nährstoffe deutlich schlechter verwerten als diejenigen, die keine Milchprodukte zu sich nehmen.

Wassermoleküle haben eine eigene individuelle Identität, fast so etwas wie Persönlichkeit, und ein Erinnerungsvermögen. Wird eine Schneeflocke zum Schmelzen gebracht und unter gleichen Bedingungen wieder eingefroren, entsteht die exakt gleiche Schneeflocke. Die Information des Wassers wird ständig durch Umwelteinflüsse verändert. Das heißt, wir können dem Wasser bewusst die gewünschte Information geben und so unser eigenes »Heilwasser« schaffen. Dazu sollte jedoch zunächst die bisherige Information »gelöscht« werden, denn wenn Sie beschriebenes Papier erneut beschreiben, entsteht eine unverständliche Botschaft.

Das Geheimnis des Wassers ist, dass es sich jeder Schwingung anpasst und damit in jedem Augenblick unser Sosein widerspiegelt. Aber wir können die Qualität des Wassers auch ganz bewusst verändern, einfach, indem wir unser Bewusstsein verändern. Wir können vor allem alles Wasser, das wir trinken, segnen. Wasser nimmt auch ganz spezielle Eigenschaften an, wenn wir es damit »prägen«. Wir verändern das Wasser durch unsere Gedanken, Gefühle und ganz gezielt durch unsere Worte, denn Worte sind pure Schwingung, »hörbare Energie«, die sich dem Wasser unmittelbar mitteilt. Wir können daher Wasser ganz bewusst »besprechen«.

In materieller Hinsicht sind wir Wasserwesen. Das Wasser, aus dem wir bestehen, hat, wie alles in der Natur, eine bestimmte Schwingung. Das Besondere am Wasser ist, dass es seine Schwingung ständig verändert, weil es in Resonanz tritt zu unseren Gedanken und Gefühlen, sogar zu unseren Worten, denn auch die haben ja eine bestimmte Schwingung. So hat jeder Mensch seine ganz persönliche energetische Signatur, wirkt dadurch auf andere sympathisch und anziehend oder eben nicht. Wasser ist der größte Resonanzkörper im Menschen und hat daher die stärkste Wirkung. Wasser reagiert auf jede Veränderung in der Schwingung, indem es sofort gleich schwingt. Was glauben Sie, was geschieht, wenn 70 Prozent Ihres Körpers in eine optimale Schwingung kommen? Das hat nicht nur eine sofortige Wirkung auf Ihr Befinden und Ihre Stimmung, der Körper beginnt im gleichen Augenblick zu heilen, weil auch der Rest des Körpers in Resonanz geht zur heilen Schwingung seines Wassers. Dabei hat sich gezeigt, dass das Wasser sich entsprechend verändert, ganz gleich, in welcher Sprache man es anspricht. Die gleichen Worte haben offensichtlich in den verschiedensten Sprachen die gleiche energetische Schwingung und geben dem Wasser so die gleiche energetische Struktur.

Das gleiche Prinzip wirkt auch in der Homöopathie. Dort wird oft eine so hohe Verdünnung, hier Potenz genannt, verwendet, dass nicht ein einziges Molekül des Wirkstoffs mehr vorhanden ist, aber es wirkt, weil das Wasser als Informationsträger fungiert.

Bisher schien alles eine reine Glaubensfrage zu sein.

Erst Emoto Masaru hat durch seine Wasserbilder diese Veränderung wissenschaftlich bewiesen. Auch die Musik, die wir machen oder hören, wirkt unmittelbar auf das Wasser und damit auf unseren Körper. Besonders wichtig ist, dass sich die Schwingung unseres Körperwassers auch unmittelbar unserer DNA mitteilt, die in Hyperkommunikation mit dem Ganzen steht und damit unser Schicksal, die Ereignisse und Lebensumstände entsprechend seiner Schwingung beeinflusst und verändert. So wird verständlich, dass allein die Anwesenheit eines Menschen heilen kann.

Wasser birgt noch viele Geheimnisse und ist die einfachste und natürlichste Medizin des Menschen. Machen Sie es sich zur Gewohnheit, *jeden* Morgen *vor* dem Frühstück einen halben Liter Grünen Tee zu trinken und mit speziellen Eigenschaften »aufzuladen«. Das weckt das Immunsystem und die Lebensgeister.

Meditation erhöht sofort die Qualität des Wassers. Sie können alles ändern, indem Sie die Qualität des Wassers verändern, durch Ihr SOSEIN. So wird Wasser Ihr wirksamstes Medikament und der Schlüssel zu Gesundheit, Vitalität und Alterslosigkeit. Wasser ist das beste Mittel, seinen Körper jung zu erhalten. Denn die mit zunehmendem Alter immer stärker werdende Dehydrierung des Körpers reduziert und verschlechtert die Stoffwechselvorgänge, was einen vorzeitigen Zelltod verursacht und damit den Altersprozess beschleunigt.

Wasser ist durch nichts zu ersetzen und gerade bei körperlicher oder geistiger Belastung besonders wichtig, weil der Körper bei Stress vermehrt Wasser ausscheidet. Viele

Störungen unseres Wohlbefindens und Krankheitssymptome verschwinden oder verbessern sich deutlich, wenn Sie wirklich ausreichend Wasser trinken. Der Wassermangel des Körpers ist eine der wichtigsten leistungsmindernden und krankmachenden Faktoren und so einfach zu beheben. Der beste Weg, Ihren Körper mit optimalem Wasser von hoher Qualität zu versorgen, ist, Wasser zu essen, in Form von Obst, Gemüse und Salaten, denn sie bestehen zu über 90 Prozent aus Wasser, das unserem Zellwasser sehr ähnlich ist und daher vom Körper optimal verwertet werden kann. Obst sollte deshalb täglich gegessen werden. Schließlich können Sie Wasser Ihrem Körper auch über die Haut zuführen, in Form eines Bades oder einer Waschung.

Achten Sie grundsätzlich auf die Qualität des Wassers, das Sie trinken, denn Wasser ist nicht gleich Wasser und enthält immer eine Botschaft. Sorgen Sie dafür, dass Ihr Körper durch das Wasser die richtige Botschaft erhält, die ihn gesund und vital erhält.

Erhöhte Cholesterinwerte

Cholesterin wird zum größten Teil vom Körper selbst produziert und kann daher durch eine Diät nur geringfügig beeinflusst werden. Es regelt unter anderem die Durchlässigkeit der Zellmembran für Wasser, um sie vor Dehydrierung zu schützen. Zu viel Cholesterin im Blut zeigt immer auch an, dass eine Dehydrierung vorliegt. Sobald Sie Ihrem Körper wieder reichlich Wasser bieten, produziert er ganz von selbst weniger Cholesterin. Er stellt also genau die Menge Cholesterin her, die er benötigt. Mit dieser Selbstregulation sorgt Ihr Körper dafür, dass Ihr Cholesterinspiegel im Blut auf einem erforderlichen Niveau bleibt. Ist der Cholesterinspiegel zu hoch, zeigt das nur, dass der Körper, bedingt durch besondere Umstände, so viel Cholesterin benötigt. Es ist daher die Ursache dafür zu erkennen und notfalls zu beseitigen und nicht zu versuchen, den Cholesterinspiegel zu senken. Wir unterscheiden zwei Arten von Lipoproteinen. Die erwünschte Art ist das HDL (High Density Lipoprotein) und die unerwünschte Art das LDL (Low Density Lipoprotein). HDL transportiert das Cholesterin aus den Gefäßen heraus, und ein hoher Wert schützt sogar vor Herzinfarkt. LDL dagegen begünstigt Arteriosklerose und Herzinfarkt.

Besonders gefährlich ist das Lipoprotein Alpha 1, ein Blutfett mit einem hohen »Klebefaktor«, das besonders leicht und fest an den Arterienwänden andockt und Arteriosklerose fördert. Ob sein Wert hoch oder niedrig ist, liegt an den Genen und kann (noch) nicht beeinflusst werden. Sie haben nur die Möglichkeit, bei einer besonderen Disposition die anderen Risikofaktoren niedrig zu halten.

Hoher Blutdruck

Ein niedriger Blutdruck ist ein wichtiger Grundbaustein der Gesundheit und eines langen Lebens. Die oberste Grenze dafür ist ein Wert von 140 zu 90, der ein Leben lang nicht überschritten werden sollte. Hoher Blutdruck entsteht aus einer Summe von unnatürlichen Lebensgewohnheiten. Da ist vor allem die Ernährung: Wir essen zu viel, das Falsche, zu hastig und mit zu viel Salz. Besonders das Salz sollte reduziert werden.

Wichtig ist außerdem der Umgang mit den Lebensumständen. Man kann sich darüber aufregen, wenn etwas nicht so ist, wie man es gern hätte, und sich so selbst regelmäßig Stress schaffen oder gelassen das ändern, was man ändern kann. Dieser Umgang mit den Lebensumständen entscheidet nicht nur über Ihre Gesundheit, er verkürzt oder verlängert Ihr Leben um viele Jahre. Denn es verkürzt auch deutlich die Lebensdauer Ihres Autos, wenn Sie ständig mit Vollgas fahren oder gar mit heulendem Motor an der Ampel stehen. Ihrem Auto würden Sie das nie antun, aber mit Ihrem Körper, den Sie nicht gebraucht verkaufen können, wenn Sie ihn ruiniert haben, machen Sie häufig genau das. Wann immer beim Auto die Leistung nicht gebraucht wird, geht es in den Leerlauf, und genau das sollten Sie auch Ihrem Körper gönnen, vor allem Ihrem Gemüt. Wer immer sein Leben in heiterer Gelassenheit genießt, hat einen niedrigen Blutdruck und verlängert so sein Leben.

Wer aber immer unter Hochdruck steht und gleich unruhig wird, wenn nichts los ist, und sich aufregt, wenn ihm etwas nicht passt, der lebt vielleicht intensiver, aber sicher nicht sehr lange.

Jungbrunnen Schlankheit – die besten Tipps

- Lassen Sie die Finger von *allen* Diäten, weil der Körper dadurch auf Sparflamme umschaltet und Sie danach von noch kleineren Portionen wieder zunehmen.

- Essen Sie bis mittags nur Obst und trinken Sie grünen Tee oder Wasser.

- Machen Sie sich mäßiges Essen zur Gewohnheit.

- Prüfen Sie bei jedem Bissen: »Muss das sein?«

- Kauen Sie *jeden* Bissen, bis er flüssig geworden ist.

- Betreiben Sie regelmäßig, am besten einmal in der Woche, Dinner-Cancelling, das heißt: Essen Sie nach 17 Uhr NICHTS mehr.

- Entsäuern und remineralisieren Sie regelmäßig den Körper.

- Führen Sie ausreichendes Körpertraining durch, also fünfmal pro Woche mindestens 30 Minuten.

- Trinken Sie mindestens zwei bis drei Liter am Tag. Dabei zählt nur Wasser oder Kräutertee. Ein Liter sollte grüner Tee sein.

- Treiben Sie Sport, zum Beispiel Power-Walking, Fahrradfahren, Schwimmen, Skilanglauf, Trampolin-Schwingen oder Stretching. Dadurch wird vor allem die enzymatische Situation umgekehrt, in

90 Prozent fettverbrennende und nur noch zehn Prozent zuckerverbrennende Enzyme.

- Baden Sie sich schlank, zum Beispiel mit einem Vital-Ionen-Verjüngungsbad.

- Lassen Sie ein- bis zweimal jährlich eine gründliche Darmreinigung durchführen.

- Werden Sie schlank durch *Imagination* und *Identifikation*, indem Sie Ihre Traumfigur bewusst regelmäßig »geistig in Besitz nehmen«. Schaffen Sie sich auch ein positives Selbstbild. Richten Sie Ihre Aufmerksamkeit immer wieder auf Ihre Traumfigur.

- Wichtig ist ebenso, in einer harmonischen Partnerschaft zu leben, denn eine unglückliche Beziehung verführt dazu, mehr zu essen, um sich zu »trösten«. Versuchen Sie, selbst ein idealer Partner zu sein, den anderen weder zu kritisieren noch ändern zu wollen, sondern wirklich JA zu ihm zu sagen.

- Segnen Sie täglich alle Aspekte Ihres Lebens – Ihren Körper, Ihre Gesundheit, Ihre Figur, Ihren Partner, Kinder, Eltern, Freunde, den Tag, Ihre Tätigkeit, eben alles.

- Essen und trinken Sie bewusst nur noch »Gesegnetes«. Genießen Sie Ihren schlanken, gesunden und gesegneten Körper.

● Leben Sie in heiterer Gelassenheit und genießen Sie alles, aber auch wirklich *alles*, auch und ganz besonders das Unangenehme. Gehen Sie ganz bewusst den Weg der Freude.

● Wenn Sie diese Regeln hundert Jahre lang befolgen, bleiben Sie gesund und jung und haben eine Traumfigur.

Jungbrunnen Bewusstsein –
Denken Sie sich jung

Niemand muss alt aussehen, sich alt fühlen und sich alt verhalten, wenn er sich nicht dazu entschließt. Das erkennbare Altern eines Menschen an Geist, Seele und Körper ist die Folge einer meist unbewussten mentalen, psychischen und physischen Entscheidung des Menschen. Wir sehen, wie die Menschen in unserer Umgebung altern, akzeptieren das als anscheinend unvermeidbar und entscheiden uns, mit den Jahren ebenfalls älter zu werden. Es gibt wissenschaftlich keinen Grund zu der Annahme, dass eine zittrige Hand, ein unsicherer Gang und ein sich verengender geistiger Horizont ab einem bestimmten Alter unvermeidbar sind. Diese Symptome werden durch eine mangelnde geistige und körperliche Betätigung verursacht und nicht durch ein bestimmtes Alter. Nur wenige erkennen, dass es unsere Überzeugungen sind, die unser Leben gestalten, wir aber können unsere Überzeugungen bestimmen, könnten es zumindest jederzeit tun. Ihr Körper spiegelt nur Ihre Überzeugungen wider. Natürlich gibt es auch andere Faktoren, die eine Rolle spielen, wie Ärger, Stress, Überforderung, eine ungeliebte Tätigkeit oder eine disharmonische Partnerschaft. Aber auch diese Umstände sind letztlich das Ergebnis unserer Überzeugungen. Denn auch unser Verhalten wurzelt in dem, was wir glauben. Aus unseren Überzeugungen entstehen auch unsere Gewohnheiten. Wenn wir etwas ändern wollen, heißt das Geheimrezept: Beharrlichkeit. Denk- und Verhaltensmuster laufen automatisch ab, wie ein Programm. Sie werden normalerweise nicht mehr überprüft und korrigiert, außer wenn wir das ganz bewusst tun. Dann entdecken wir, dass viele dieser Verhaltensmuster längst überholt sind und unser heutiges Leben nur noch stören. Aber wir können sie jederzeit verändern und neue, erwünschte Gewohnheiten »verankern«.

Sie können chronologisch 80 Jahre alt sein, aber biologisch erst 50 und mental vielleicht sogar erst 30. Das hängt sehr von Ihrer Einstellung zum Alter ab. Viele wünschen sich ein langes Leben, haben aber Angst, älter zu werden. Dabei können Sie wirklich beides haben, ein langes Leben, *ohne* älter zu werden, indem Sie sich Lebensumstände schaffen, die Ihre Gesundheit und Ihr Jungsein fördern, und dafür sorgen, dass das Leben, das Sie führen, Sie nicht umbringt.

Machen Sie einmal eine Liste Ihrer Lebensgewohnheiten und bewerten Sie sie danach, ob sie lebensverkürzend oder lebensverlängernd sind. Schaffen Sie dann geeignete Lebensgewohnheiten.

Wie wir bereits gesehen haben, ist eine Krankheit immer eine Botschaft, aber die meisten erkennen sie nicht als einen liebevollen Hinweis des Körpers auf eine Störung im Bewusstsein und dadurch im Verhalten, sondern sehen sie als Schicksalsschlag, als Laune der Natur oder als Zufall, der den einen trifft und den anderen verschont. Dabei ist das Leben der beste Therapeut, denn es heilt *jeden*. Entweder auf dem königlichen Weg der Erkenntnis und Einsicht oder auf dem »üblichen« Weg des Leidens.

Viele Menschen betrachten ihren Körper als eine Art Spielverderber, von dem man im zunehmenden Alter eben immer weniger erwarten kann. Und weil sie immer weniger erwarten, geschieht immer weniger, und weil sie genau das erleben, glauben sie, das sei unvermeidbar. In Wirklichkeit lässt nicht der Körper uns im Stich, sondern wir lassen unseren Körper im Stich.

Das eigene Erleben von Alter

Man ist so alt, wie man sich fühlt. Wenn Sie sich in sich wirklich wohl fühlen, ist Ihr Alter etwas Abstraktes, ein Datum in Ihrem Ausweis, nicht mehr. Wenn Sie wirklich »bei Bewusstsein« sind, können Sie mit der Zeit sogar immer jünger werden, zumindest biologisch. Ihre Einstellung aber ist letztlich entscheidend, denn wie Sie sich fühlen, das bestimmt Ihre erlebte Wirklichkeit.

An jedem Geburtstag werden wir gefragt: »Wie alt sind Sie geworden?« Und unbewusst nehmen wir an, dass wir mit der Zeit tatsächlich zwangsläufig älter werden, eben weil die Zeit vergeht. Ihr Körper wird aber nicht jedes Jahr älter, sondern mit wenigen Ausnahmen erneuern sich alle Zellen innerhalb von einem Jahr. Sie haben also ohnehin jedes Jahr einen neuen Körper. Es ist daher weniger ein physiologisches als vielmehr ein kybernetisches Problem. Eine Frage der Identität: *Wer* bewohnt diesen Körper? Handelt es sich um ein junges Bewusstsein, dann wird der Körper genau das widerspiegeln.

Machen Sie sich daher jeden Abend vor dem Einschlafen bewusst: »Ich bin von meinem wahren Wesen her altersloses Bewusstsein. Ich wurde weder geboren, noch kann ich krank werden oder altern, ICH BIN.«

Beginnen Sie keinen neuen Tag, ohne sich das bewusst gemacht zu haben. Dabei genügt es nicht, das nur zu denken, sondern Sie sollten es auch fühlen und als Ihre Wirklichkeit »erleben«. Dann ist Ihr Alter wirklich nur noch eine Zahl in Ihrem Ausweis und hat keinen Einfluss mehr auf das, was Sie erleben. Ein jugendliches Aussehen ist zwar etwas sehr Erfreuliches, aber was wirklich zählt, ist, wie jung Sie sich *fühlen*. Stellen Sie sich vor, wie Sie sich in zehn Jahren noch jünger und vitaler fühlen, und erleben Sie das auch als Ihre Wirklichkeit. Auf diese Weise bestimmen Sie Ihre Zukunft selbst. Diese Überzeugung, die Sie täglich festigen, teilt sich über die Botenstoffe des Körpers jeder einzelnen Zelle mit, so dass sich jede einzelne Zelle immer jünger fühlt. Das spüren Sie als Gesundheit, Vitalität und Lebensfreude. Entwickeln Sie einen geistigen Widerstand gegen die Illusion, mit der Zeit älter zu werden.

Niemand wird dadurch alt, dass er eine bestimmte Anzahl von Jahren erlebt hat. Jugend ist tatsächlich ein Geisteszustand. Wenn praktisch alle Ihre Körperzellen im vergangenen Jahr ausgetauscht wurden, wie alt sind Sie dann wirklich?

Es ist eine Lebensweise, jung zu bleiben, unabhängig vom »Baujahr« unseres Körpers, ein Weg, jung zu bleiben, während man alt wird. Mit der Zeit nun mal älter zu werden ist ein Konzept, eine Vorstellung, und kann gelöscht werden. Die Veränderungen, die wir dem Alter zuschreiben, sind in Wirklichkeit das Ergebnis der eigenen Unwissenheit über die Gesetzmäßigkeiten des Lebens und Fahrlässigkeit und können jederzeit geändert werden. Die verblüffende Erkenntnis ist, dass die meisten Begleiterscheinungen des Alterns weder natürlich noch notwendig sind, sondern vermeidbar und reversibel. Kaum jemand stirbt an Altersschwäche, sondern meistens an einer Krankheit. Krankheiten aber lassen sich heilen und vermeiden. Wir sterben in Wirklichkeit an falscher, unnatürlicher Lebensweise.

Das Geheimnis ewiger Jugend ist die geistige Haltung. Das Selbstbild ist dabei der wichtigste Gesundheitsfaktor. Denn die sich ständig erneuernden Zellen bekommen mit dem Eintreten in den Körper eine entscheidende Prägung. Fühle ich mich alt, dann nehmen auch die jungen Zellen diese Prägung an und werden Teil eines älteren und alternden Körpers. Bin ich aber in meinem Bewusstsein jung, dann nehmen die neuen Zellen auch diese Prägung an, und ich lebe als junger Mensch in einem sich ständig erneuernden und verjüngenden Körper. Wenn Sie das Altern des Körpers aufhalten wollen, dann müssen alle drei Aspekte verändert werden, der körperliche, der seelische, und der geistige. Erst die harmonische Ganzheit erhält jung.

Schaffen Sie sich Lebensumstände, die Ihre Gesundheit fördern, damit das Leben, das Sie führen, Sie nicht umbringt. Genießen Sie das Leben und gestatten Sie sich, lange zu leben. Dazu brauchen Sie einen überzeugenden Grund. Finden Sie etwas, das Ihr Leben wirklich lebenswert macht.

Gesundheit ist sehr viel mehr als nur die Abwesenheit von Krankheit. Wahre Gesundheit heißt Vitalität und Lebensfreude in jedem Alter. Ergreift der Mensch aber immer wieder nur halbe Maßnahmen, bleibt irgendwann kein Platz mehr für einen Kompromiss.

Wenn unser Körper ein Symptom schickt, hat das immer einen Grund. Er gibt uns damit eine Rückmeldung über etwas, das wir getan oder unterlassen haben, und bittet uns mit dieser Botschaft um Hilfe.

New-Aging heißt auch, zu lernen, die »Botschaft des Körpers« und die »Sprache der Symptome« zu verstehen, damit Sie jederzeit wissen, welche Hilfe Ihr Körper braucht.

Mentales Entsäuern

Sie haben sicher erkannt, dass Entsäuern unverzichtbar ist, weil ein übersäuerter Körper nicht gesund sein kann. Das Entsäuern des Körpers ist der Grundstein jeder Heilung. Bei der Übersäuerung spielt das, was wir essen und trinken, eine entscheidende Rolle. Dabei sollten wir aber nicht vergessen, dass unsere geistige Haltung wesentlich zu unserer Übersäuerung oder zu unserer Entsäuerung beiträgt. Jeder noch so kleine Ärger, aber auch Stress lässt uns sauer werden. Schon der Volksmund sagt, wenn etwas Unangenehmes passiert ist: »Bist du jetzt sauer auf mich?«

Mentales Entsäuern beginnt mit dem Loslassen von sauer machenden Gewohnheiten. Das gilt vor allem für das Ärgern, denn das ist die häufigste Form des mentalen Übersäuerns. Kaum jemandem ist bewusst, dass das Ärgern etwas ist, das wir irgendwann gelernt haben, meistens durch das Beispiel der Umwelt. Dabei macht Ärger alles nur noch ärger und hat nur Nachteile. Warum also sollten wir eine Gewohnheit, die *nur* Nachteile hat, beibehalten?

Alles, was wir irgendwann einmal gelernt haben, können wir auch wieder verlernen, und das ist einfacher, als Sie denken. Denn jeder Ärger ist immer mit dem Urteil verbunden, dass ein bestimmter Vorfall, eine Situation, oder ein Umstand ärgerlich ist. Aber alles hat zwei Seiten. Wenn ich mich im Straßenverkehr darüber ärgere, dass die anderen so rücksichtslos fahren und mir vielleicht jemand die Vorfahrt nimmt, dann kann ich mich auch über meine schnelle und sichere Reaktion freuen, durch die ich einen Unfall vermeiden konnte. Anstatt mich über die anderen zu ärgern, kann ich mich aus dem gleichen Anlass über mich freuen. Und wenn ich an meinem Ziel bin, kann ich dort von dem Vorfall berichten und von meiner guten Reaktion und mich noch einmal über den gleichen Anlass freuen. Die Situation ist die Gleiche, aber meinen Umgang damit, meine Reaktion, kann ich bestimmen. Sie erkennen also, dass Sie in *jeder* Situation die Wahl haben, wie Sie mit der Situation umgehen, auf welchen Aspekt der Situation Sie schauen wollen. Sie werden so in *jeder* ärgerlichen Situation einen Grund finden, sich zu freuen. Anstatt durch Ärger Ihren Säurestand zu erhöhen, nutzen Sie den gleichen Anlass, sich mental zu entsäuern, Ihr Wohlbefinden zu steigern und die Heilung Ihres Körpers zu fördern.

Das gilt natürlich für alle »ärgerlichen« Situationen, z. B. auch für Stress. Stress ist ebenfalls eine Gewohnheit, die nur Nachteile hat. Stress entsteht, wenn wir versuchen, in einer begrenzten Zeit mehr zu schaffen, als zu schaffen ist. Das klappt zwar in keinem einzigen Fall, aber wir versuchen es trotzdem immer wieder – und immer wieder mit dem gleichen enttäuschenden Ergebnis, dass es eben nicht möglich ist. Damit setzen wir uns unter Druck und steigern die Säurebelastung unseres Körpers. Wenn eine solche Stresssituation auftaucht, sollten Sie kurz innehalten und Prioritäten setzen. Am besten machen Sie eine Liste mit dem, was noch zu tun ist, und bewerten dessen Wichtigkeit. Beginnen Sie mit der Nummer eins, dem Wichtigsten, in aller Ruhe, als wäre es das Einzige, was Sie noch zu tun haben. Dann nehmen Sie sich die Nummer zwei vor, danach Nummer drei – bis der Tag vorbei ist. Es kann sein, dass Sie trotzdem nicht alles schaffen, aber das Wichtigste ist erledigt, und Sie sind in bester Stimmung.

Das gilt ebenso für alle nicht hilfreichen Gewohnheiten und Eigenschaften und Verhaltensweisen, so auch für Empfindlichkeit. Machen Sie sich bewusst: Egal, ob ein anderer

Sie lobt oder kritisiert, was er sagt, ist immer nur seine Meinung, und die muss nicht richtig sein. Er macht Sie auf eine mögliche Schwachstelle aufmerksam, und Sie können prüfen, ob er Recht hat oder nicht. Hat er Recht, sollten Sie ihm dankbar sein, dass Sie mit seiner Hilfe eine Aufgabe erkennen, die Sie ohne ihn vielleicht gar nicht bemerkt hätten, und dass Sie dadurch die Chance haben, an sich zu arbeiten und etwas zu ändern. Dann haben Sie allen Grund, dem anderen dafür dankbar zu sein. Ist seine Kritik aber unberechtigt, dann betrifft sie Sie ja gar nicht. Der andere hat sich einfach nur geirrt, und irren ist menschlich. Wieder haben Sie nicht den geringsten Grund, empfindlich zu reagieren und damit Ihren Körper zu übersäuern.

Ein anderer, besonders häufiger Anlass, sauer zu reagieren, ist unsere Tätigkeit. Viele Menschen reagieren schon sauer, wenn sie nur an ihre Arbeit denken. Sie gehen einer Tätigkeit nach, die sie nicht wirklich befriedigt, nur weil sie dafür Geld bekommen. Wer sagt denn, dass man sein Geld nicht auch mit einer Tätigkeit verdienen kann, die einem wirklich Freude macht? Gestatten Sie doch einfach dem Leben, Sie dafür *fürstlich* zu bezahlen, dass Sie das tun, was Ihnen ohnehin am meisten Freude macht.

Auch Angst kann extrem sauer machen, wenn sie zu einem Dauerzustand wird und dann ständig wirkt. Das Wort Angst kommt vom lateinischen »angustus« und bedeutet »eng«. Wenn wir die Dinge zu eng sehen, zu begrenzt, dann bekommen wir Angst. Wann immer wir vor etwas Angst haben, sollten wir den Mut finden, unsere Angst zunächst einmal anzuschauen und uns bewusst zu machen: »Was befürchte ich eigentlich?« Und vielleicht in einem zweiten Schritt: »Was daran wäre denn so schlimm?« Jede Angst wird sofort kleiner, wenn man sie anschaut, und größer, wenn man davor zurückschreckt, was letztlich dazu führen kann, dass wir Angst vor der Angst haben. Das Anschauen der Angst bewirkt, dass der eigentliche Anlass für die Angst an Bedeutung verliert und wir uns vor allem fürchten, wieder Angst zu haben. Der entscheidende Schritt ist immer, den Mut zu haben, seine Angst anzuschauen. Es ist nicht so, dass Mutige keine Angst haben, aber sie haben gelernt, mit der Angst umzugehen, sich mit ihr zu konfrontieren und sie dadurch aufzulösen.

Auch Schmerzen können auf die Dauer zermürben und sehr sauer machen. Schmerzen sind immer ein Signal und eine Botschaft des Körpers, dass akut eine Änderung erforderlich ist. Der Ort des Schmerzes zeigt, was zu tun ist. Lernen Sie, die Sprache Ihres Körpers zu verstehen und seine Bitte zu befolgen, und der Schmerz verschwindet ganz von selbst, wie er gekommen ist. Denn der Körper löst den Schmerz wieder auf, sobald die eigentliche Ursache erkannt und beseitigt wurde.

Auch Leid hat die Tendenz, ein Dauerzustand zu werden und den Körper so noch mehr zu übersäuern. Hinterfragen Sie daher *jedes* Leid und machen Sie sich bewusst, woran Sie *wirklich* leiden. Auch Leid ist eine Botschaft und hat eine Ursache, die es zu erkennen und aufzulösen gilt. Und Leid ist immer ein Nichteinverstandensein mit dem, was ist. Wenn Sie diesen Widerstand auflösen, verschwindet Leid.

Vor allem Probleme machen ganz schön sauer. Manche Menschen haben ständig Probleme, kein Wunder, dass sie auch ständig sauer sind. Nun meinen diese Menschen vielleicht, Probleme seien unvermeidbar. Tatsache ist: Es gibt gar keine Probleme, es gibt nur Situationen, Ereignisse und Umstände, aber keine Probleme. Eine Situation wird erst durch Ihre Einstellung zum Problem. Im Grunde können Sie alles als Problem sehen oder aber auch als Aufgabe, als eine interessante Herausforderung, und die erfüllt mit Freude und macht überhaupt nicht sauer. Oft besteht die Aufgabe darin, etwas aufzugeben, also loszulassen. Immer aber ist in dem scheinbaren Problem, also der Auf-Gabe, eine Gabe enthalten, ein Geschenk des Lebens an Sie.

Ein wichtiger Schritt beim mentalen Entsäuern ist die Harmonisierung der energetischen Signatur. Jeder Mensch ist ein Energiefeld mit einer ganz persönlichen Schwingung, seiner energetischen Signatur. Nach dem Gesetz der Resonanz ziehen wir ständig Ereignisse in unser Leben, die dieser energetischen Signatur entsprechen, und halten alles zuverlässig fern, was dieser Schwingung nicht entspricht. Über unsere Schwingung stehen wir so ständig mit unserer Umgebung in Verbindung. Diese persönliche Schwingung wirkt auf den anderen entweder sympathisch oder nicht und lässt ihn entsprechend reagieren.

Aber diese Schwingung wirkt natürlich auch auf unseren Körper. Ist die Schwingung harmonisch, dann überträgt sich das auf den Körper und lässt auch ihn harmonisch schwingen. Das spiegelt er wider, als Gesundheit und Wohlgefühl und in einer Harmonisierung unseres

Säure-Basenhaushaltes. Diese persönliche Schwingung können wir bewusst wählen, indem wir unsere Gedanken und unser Verhalten verändern. Positives Denken wirkt unmittelbar auf den Körper, löst Säuren auf und aktiviert die Heilkraft des Körpers. Die bewusste Harmonisierung Ihrer persönlichen energetischen Signatur verwandelt, ja, verzaubert Ihr ganzes Leben, und Sie leben in der Leichtigkeit des Seins.

Alles, was Sie wiederholt denken oder tun, wird Ihr Unterbewusstsein in eine Gewohnheit umwandeln. Indem Sie also durch bewusste und ständige »Gedankenhygiene« diese mentale Harmonie erhalten, wird sie sehr schnell zur Gewohnheit und geschieht wie von selbst.

Die Aufmerksamkeit als Werkzeug zur mentalen Entsäuerung

Die meisten Menschen richten ihre Aufmerksamkeit fast ständig auf Schwierigkeiten und Probleme und erschaffen so unbewusst immer mehr Schwierigkeiten und Probleme, denn worauf Sie Ihre Aufmerksamkeit richten, dahin fließt Ihre Schöpferkraft und verwirklicht genau das. Also ist es unverzichtbar, ganz bewusst darauf zu achten, dass Ihre Aufmerksamkeit nie länger als zwei bis drei *Sekunden* bei einem Problem, einer Schwierigkeit bleibt und Sie sie dann sofort abziehen und auf eine Lösung, eine Möglichkeit oder auf einen erwünschten Zustand richten. Indem Sie Ihre Aufmerksamkeit bewusst abziehen von Krankheit, Mangel und Schwierigkeiten und auf Gesundheit, Wohlgefühl und Vitalität richten, tritt dies als Realität »in Erscheinung«.

Viele Menschen haben die natürliche Fülle bereits im negativen Bereich verwirklicht und dadurch eine Fülle an Problemen, an Schwierigkeiten und Ärger, eine Fülle an Disharmonie und Krankheitssymptomen, eine Fülle an Lektionen. Das kommt daher, dass sie ihre Aufmerksamkeit ganz automatisch auf Schwierigkeiten richten und gerichtet halten, und so fließt ihre Schöpfungskraft dorthin und verwirklicht dort die Fülle, wo ihre Aufmerksamkeit ist.

»Sage mir, worauf du meistens deine Aufmerksamkeit richtest, und ich sage dir, wie dein Leben aussieht.«

Wenn Sie einen gesunden, schlanken Körper haben wollen, dann machen Sie es sich zur Gewohnheit, Ihre Aufmerksamkeit darauf gerichtet zu halten, auch wenn Ihr Körper diesem Bild zurzeit nicht entspricht. Sie schaffen sich so nach und nach Ihren Traumkörper, eine stabile Gesundheit und ein ständiges Wohlgefühl. Das wird beschleunigt, indem Sie diese Vorstellung mit Freude und Dankbarkeit erleben.

Mentale Entsäuerung durch eine harmonische Beziehung

Jeder weiß, dass eine disharmonische Beziehung ganz schön sauer machen kann und das Leben belastet. Kaum jemandem aber ist bewusst, dass jeder die Möglichkeit hat, dies sofort zu ändern. Und wenn Sie wollen, beginnt in diesem Augenblick Ihre ideale Partnerschaft dadurch, weil *Sie* ein idealer Partner geworden sind.

Bei der Gelegenheit sollten Sie einmal alle Ihre Gewohnheiten überprüfen. Sie werden dabei viele finden, die vielleicht irgendwann einmal richtig und hilfreich waren, aber längst nicht mehr sinnvoll sind, weil Ihre Situation sich geändert hat. Ersetzen Sie diese Gewohnheiten durch hilfreiche, gesundheitsfördernde, Erfolg und Wohlstand mehrende Gewohnheiten. Allein das könnte Ihr Leben unglaublich erfüllender machen, so dass Sauer-Sein keine Chance mehr hat.

Sehr hilfreich für eine ständige Harmonie ist die geistige Haltung der heiteren Gelassenheit. Erkennen Sie, dass das Leben ein Spiel ist, bei dem Sie nur gewinnen können. Dabei sind Gewinn oder Verlust ganz gleichgültig, weil Sie durch einen Verlust mehr gewinnen können als durch einen Gewinn, nämlich eine Erkenntnis. Es ist daher nicht entscheidend, was geschieht, sondern wie Sie damit umgehen. Erkennen Sie, dass Erfolg, Macht, Ansehen und Besitz nur »Spielsachen« sind, die Sie eines Tages ohnehin hier zurücklassen. Es kann durchaus Freude machen, sie zu erwerben und zu genießen, aber dabei darf man nicht vergessen, dass das Ganze nur ein Spiel ist, bei dem Sie bestimmte Erfahrungen machen wollen. Dabei ist *alles* gut, so, wie es ist, denn alles will Ihnen nur dienen und helfen, wenn Sie richtig damit umgehen. Dieses »Spiel des Lebens« findet ausschließlich Ihnen zur Freude statt. Wenn Sie sich auch nur einen Augenblick nicht freuen, haben

Sie eine Chance des Lebens nicht genutzt. Aber Sie können das in jedem Augenblick ändern, und diese Erkenntnis führt zu einer unerschütterlichen Gelassenheit. Dann sind Sie frei, nur noch zu leben und das Leben wirklich zu genießen. Und natürlich bleibt dann auch kein Raum mehr, um sauer zu sein, sondern diese heitere Gelassenheit ist die beste Medizin für Ihren Körper und führt zu einer beneidenswerten Gesundheit.

Loslassen befreit. Lassen Sie nach und nach alles Unwesentliche los, wobei Sie selbst bestimmen, was für Sie wesentlich und was unwesentlich ist. Dann erleben Sie, dass das, was für Sie wesentlich ist, Sie mit einer ständigen Freude erfüllt, und Sie erleben immer stärker das Leben, so wie es »gemeint« ist, ein Leben in der Leichtigkeit des Seins. Lassen Sie das Urteilen los, dann brauchen Sie auch keine Toleranz und kein Verzeihen. Lassen Sie die Selbstvergessenheit los und erkennen Sie wieder, wer Sie wirklich sind. Damit lassen Sie auch den Ernst des Lebens los und erleben, was Leben wirklich ist: ein Spiel, das Ihnen zur Freude gespielt wird.

Fangen Sie an, im Tao zu leben, in einer ständigen heiteren Gelassenheit, ganz gleich, was gerade in Ihrem Leben geschieht. Machen Sie Ihre Laune nicht mehr von den äußeren Ereignissen abhängig. Werden Sie sich bewusst, wenn eine Schwierigkeit vor Ihnen liegt, dass dies eine von unzähligen ist, die Sie bereits in Ihrem Leben gemeistert haben, und in einigen Tagen oder Wochen werden Sie auch diese Aufgabe gelöst haben, und sie wird hinter Ihnen liegen. Also bleiben Sie gelassen. Leben Sie nach folgender Regel: »Ich rege mich nie mehr über Kleinigkeiten auf. Und *alles*, was mich nicht das Leben kostet, *ist* eine Kleinigkeit.«

Es ist Ihre Wahl, sauer durchs Leben zu gehen oder voller Freude, also wählen Sie. Machen Sie sich jeden Morgen bewusst, dass wieder ein neuer Tag auf Sie wartet, voller Möglichkeiten und Chancen, und Sie entscheiden, was er enthält. Genießen Sie Ihr Leben, denn dazu findet es statt. Und jeden Tag wartet ein neues Abenteuer auf Sie.

Die energetische Signatur

Erkennen Sie zunächst, dass Sie ein Energiefeld sind, das eine bestimmte Schwingung hat, Ihre energetische Signatur, die so einmalig ist wie Ihr Fingerabdruck. Machen Sie sich diese Schwingung bewusst, indem Sie Ihre Aufmerksamkeit darauf richten, wie Sie sich gerade fühlen. Dann überlegen Sie, wie Ihre energetische Signatur sein *sollte*: Wie würde es mir entsprechen? Wodurch ist es so, wie es ist? Sind es meine Gedanken? Meine Überzeugungen? Mit welcher Schwingung würde ich mich am wohlsten fühlen? Indem Sie Ihre Aufmerksamkeit darauf richten, erschaffen Sie genau diese Schwingung, und indem Sie Ihre Aufmerksamkeit darauf gerichtet halten, bleiben Sie in dieser Schwingung. Denn Sie können immer nur einen Gedanken gleichzeitig denken, und wenn Sie sich mit einem bestimmten Gedanken erfüllen, dann verändert sich auch Ihre Schwingung entsprechend. Damit ändert sich auch

Ihre gesundheitliche Situation, und wenn Sie das beibehalten, fühlen Sie sich alters-los. Es genügt jedoch nicht, das gelegentlich zu tun, wenn Sie gerade einmal daran denken, sondern Sie sollten möglichst *ständig* Ihre energetische Signatur bewusst optimieren.

Wenn Sie sich Ihres Energiefeldes bewusst sind, können Sie stets in Einklang mit sich selbst leben. Stellen Sie sich einmal vor, dass Ihr eigentlicher Körper, Ihr Energiekörper, in Ihrem physischen Körper steckt, aber viel größer ist. Befreien Sie Ihren Energiekörper, indem Sie Ihr Scheitelchakra öffnen und Ihrem Energiekörper gestatten, seine natürliche Größe von etwa zwei Metern zu entfalten. Leben Sie ständig bewusst in Ihrer natürlichen Größe und machen Sie sich bewusst, dass Ihr Energiekörper nicht wie Ihr physischer Körper mit der Zeit älter wird. Erleben Sie die Alterslosigkeit Ihres wahren Körpers und leben Sie ganz bewusst alterslos. Sie werden sehen, wie beide Schritte, die Befreiung Ihres Energiekörpers und Ihre natürliche Alterslosigkeit, auf Ihren physischen Körper wirken und ihn *ständig* heilen und verjüngen.

Das Geheimnis unserer DNA

Nur etwa zehn Prozent unserer DNA sind mit dem Aufbau von Proteinen befasst, haben also eine körperliche Funktion. Die restlichen 90 Prozent haben keine körperliche Funktion und erscheinen so der Wissenschaft derzeit unnütz. Die Natur macht aber keine »Fehler«, und so sind die übrigen 90 Prozent noch wichtiger für unser Leben als die bekannten zehn Prozent, denn sie dienen als Informationsspeicher. Hier ist nicht nur das gesamte bisherige Wissen gespeichert, sondern das gesamte Wissen, das für unsere Evolution gebraucht wird. Das gesamte Evolutionsprogramm ist hier enthalten und jederzeit abrufbereit, sobald das Bewusstsein entsprechend erwacht und den nächsten Schritt tut.

Dieser Teil unserer DNA dient auch der nonverbalen Kommunikation. Mit ihm sind wir mit allem verbunden. Wir empfangen aber nicht nur Informationen, sondern senden auch ständig Informationen aus und gehen damit in Resonanz mit dem Ganzen. Über diese DNA-Sendestation sendet jeder seine derzeitige energetische Signatur aus und zieht damit ausschließlich die entsprechenden Ereignisse und Umstände in sein Leben. Man kann sagen, hier entsteht unmittelbar unser Schicksal, und das meist unbewusst. Sobald wir erwachen, können wir ganz bewusst unsere energetische Signatur verändern, und im gleichen Augenblick senden wir ein anderes Signal aus, das sofort zu ganz anderen Ereignissen führt, denn das Gesetz der Resonanz macht keine Fehler.

Diese Hyperkommunikation erklärt, warum der eine immer Glück hat und der andere ein Pechvogel ist, weshalb der eine andauernd neue Krankheiten bekommt, während der andere gesund und topfit bleibt.

Es gibt mehrere Wege, hier bewusst verändernd einzugreifen. Der wichtigste ist die bewusste Änderung der energetischen Signatur durch ständige Gedankenoptimierung. Das heißt, indem ich mir ständig jeden Gedanken bewusst mache und jeden unerwünschten Gedanken *sofort* durch das entsprechende positive Gegenstück ersetze. Das Gleiche gilt für die Gefühle. Das bedeutet, jeden unerwünschten Gedanken sofort »umzudenken« und jedes unerwünschte Gefühl sofort »umzufühlen«. Diese Gedanken- und Gefühlsoptimierung verändert unmittelbar die energetische Signatur und damit auch nach dem Gesetz der Resonanz das ganze Leben.

Es gibt aber auch noch einen körperlichen Weg. Unser Körper besteht zu etwa 70 Prozent aus Wasser. Wasser ist ebenfalls ein Informationsspeicher und reagiert auf jede Veränderung sofort. Das haben die Forschungen und Bilder von Masaru Emoto gezeigt. Indem Sie Ihr Wasser geistig »besprechen«, verändern Sie seine Information. Dazu gehört auch, jeden Schluck, den Sie trinken, zu segnen, mit sich und Ihrem Leben im Einklang zu leben und so die Information Ihres Wassers ständig zu optimieren.

Ihre DNA, die ja ebenfalls im Zellwasser eingebettet ist, reagiert darauf sofort mit einer veränderten Aussendung. Damit verändern Sie aber nicht nur Ihr Leben, sondern, da alles mit allem verbunden ist, verändern Sie damit auch das gesamte Bewusstsein. Das ist das Beste, was Sie für den Frieden und die Welt tun können, weil es die Gesamtenergiequalität unmittelbar verändert und Sie die Welt so ein bisschen besser zurücklassen, als Sie sie vorgefunden haben.

Das eröffnet aber auch die Möglichkeit einer ganz neuen Medizin und rein energetischen Heilweise. Denn unsere DNA reagiert unmittelbar auf Sprache und lässt sich so umprogrammieren. Genau genommen tut sie das ohnehin ständig, aber mit diesem neuen Wissen können wir bewusst und gezielt eingreifen und das Programm entsprechend unserem optimalen Sein verändern.

So unglaublich und fantastisch sich das anhört, es ist inzwischen wissenschaftlich bewiesen, dass lebende DNA auf sprachmodulierte Energie reagiert. Das erklärt auch, warum Affirmationen oder Hypnose eine so starke Wirkung haben. Es ist ganz normal und natürlich, dass unsere DNA auf Sprache reagiert, denn Sprache ist Schwingung, und die Art unserer Schwingung bestimmt unser Sein. Das erklärt auch die Wirkungsweise von Intuition, denn über die Hyperkommunikation unserer DNA sind wir ja ständig mit dem Ganzen verbunden und ziehen nach dem Gesetz der Resonanz jeweils das Wissen in unser Bewusstsein, worauf wir gerade unsere Aufmerksamkeit richten. Die gerichtete Aufmerksamkeit bestimmt, was wir empfangen, vorausgesetzt, wir sind empfangsbereit. Andernfalls kommt die Information zwar an, aber da wir gerade denken, ist die Leitung besetzt, und sie wird uns nicht bewusst. In Wirklichkeit können wir alle zaubern, und *jeder* unserer Gedanken verändert die ganze Welt, auch wenn wir das nicht immer gleich erkennen können. Die höchste Schwingung unserer DNA erreichen wir, wenn wir uns erfüllen mit Liebe und Dankbarkeit, weil das die Grundschwingung des Seins ist. Je mehr wir uns diesem Ideal nähern, desto wirkungsvoller wird unser Tun, bis wir letztlich die Realität unmittelbar sichtbar verändern.

Früher waren die Menschen deutlich stärker über dieses Gruppenbewusstsein miteinander verbunden. Das individuelle Denken hat sich erst in den letzten 1000 Jahren entwickelt, auch wenn Einzelne zu allen Zeiten zu diesem Bewusstsein erwacht waren. Aber jeder Schritt der Evolution ist nur die Vorbereitung für den nächsten, und so entwickelten wir unsere Individualität. Dazu mussten wir zunächst das Gruppenbewusstsein ausblenden, um unsere Individualität zu erfahren. Der nächste Evolutionsschritt aber ist, mit dieser entwickelten Individualität bewusst in dieses natürliche *eine* Bewusstsein zurückzukehren und so wieder Zugang zu haben zu allen Informationen, auch denen, die noch kein Mensch zuvor gespeichert hat. Durch unsere entwickelte Individualität haben wir nun die Fähigkeit, frei zu entscheiden, was wir mit dieser Information machen, ob wir sie zunächst für uns nutzen, was völlig in Ordnung ist, um sie dann bewusst im Sinne und zum Wohle des Ganzen einzusetzen.

Sobald wir bei voller Individualität wieder ein bewusster Teil des kollektiven Bewusstseins sind, wird unsere Macht grenzenlos. Und der nächste Schritt der Evolution geht unaufhaltsam genau darauf zu. Es liegt bei uns, ob wir zu den Ersten gehören oder die Letzten sein werden, aber wir können es weder verhindern noch verpassen.

Die Botschaft des Körpers verstehen und befolgen

Das Leben »spricht« ständig zu uns, auch wenn die meisten das gar nicht erkennen. Der wichtigste Botschafter des Lebens ist unser Körper. Er sagt uns nicht nur, in welchen Bereichen wir uns nicht lebensgerecht verhalten, er zeigt uns auch stets genau, was zu tun ist, um wieder ganz gesund zu sein. Im »Tagebuch unseres Körpers« steht unsere ganze Lebensgeschichte.

> **Die Botschaft des Körpers besteht immer aus drei Teilen:**
> 1. Dem Ort der Erkrankung
> 2. Der Art der Erkrankung
> 3. Dem Zeitpunkt der Erkrankung

Der Krankheitsverlauf zeigt getreulich die Lernschritte im Bewusstsein auf. Die Heilung bedeutet, dass der Lernprozess abgeschlossen ist und daher das Symptom nicht mehr gebraucht wird. Jedes Symptom ist eine Botschaft, aber der beste Weg, für immer gesund zu bleiben, ist, gar nicht zu warten, bis der Körper eine Botschaft schickt, sondern schon vorher das Notwendige zu tun, damit der Körper gar nicht erst gezwungen ist, eine Botschaft zu schicken. Die Sprache des Lebens und die Botschaft des Körpers sind die wohl wichtigsten Fremdsprachen, die wir erlernen sollten.

Regelmäßige Psychohygiene, die die »Innenweltverschmutzung« beseitigt, macht viele Botschaften überflüssig. Zu dieser »Innenweltverschmutzung« gehören Ärger, Angst, Stress, Aggressionen, Schuldgefühle, Empfindlichkeit, Minderwertigkeitsgefühle, Sorgen, Selbstmitleid sowie negative Gedanken und Gefühle. Achten Sie stets darauf, sich selbst nicht durch diese negativen Empfindungen zu »verschmutzen«.

Ein weiterer Schritt, um Botschaften des Körpers zu vermeiden, ist, das Energiefeld Mensch zu optimieren. Dazu zählen vor allem eine positive Lebenseinstellung, aber auch ausreichende und regelmäßige Entspannung und genügend Schlaf, wozu auch ein kurzes Mittagsschläfchen gehört.

Machen wir uns bewusst: Der Körper kann nicht lügen. Wenn er eine Botschaft schickt, dann steht dahinter immer ein ungelöstes Problem, eine Aufgabe des Lebens, die es zu lösen gilt, und der beste Zeitpunkt dafür ist immer dann, wenn die Aufgabe sichtbar wird. Jedes Symptom ist daher immer eine Bitte des Körpers um Hilfe.

Was sagt der Ort der Erkrankung im Körper?

Die linke Seite des Körpers ist die Seite der Innenwelt und der Gefühle, die rechte Seite spiegelt die Außenwelt und das Verhalten wider. Die Füße zeigen die Art, wie man im Leben steht, den eigenen Standpunkt oder die Schritte, die zu tun sind. Die Beine betreffen die Fortbewegung. Der

Bauch ist zuständig für die Verarbeitung der Ereignisse und vor allem für das Loslassen. Die Nieren spiegeln die Partnerbeziehung und die Beziehung zu Mitmenschen, die uns nahestehen. Das Herz hat mit Freude bzw. dem Fehlen von Lebensfreude zu tun. Die Lunge steht für die Hinwendung zum Leben. Hände und Arme zeigen die Art, wie wir handeln oder eben nicht handeln. Der Hals spiegelt das, was wir »schlucken« oder nicht »äußern«. Der Kopf hat natürlich mit dem Denken zu tun, mit dem, was uns mental beschäftigt, was uns nicht »aus dem Kopf geht«. Die Nase zeigt, wann wir die »Nase voll haben«. Die Gelenke stehen für den Grad unserer Beweglichkeit und mangelnde Flexibilität. Entzündungen weisen auf akute Belastungen in dem entsprechenden Bezugsfeld hin. Der Rücken hat mit unserer geistigen Haltung zu tun, mit dem, was wir uns »aufgeladen« haben, was wir »ertragen« müssen. Hier zeigen sich auch alle ungelösten Probleme und Aufgaben des Lebens, die wir als Last mit uns herumschleppen. In einer extremen Problemsituation kommt es zum »Hexenschuss«, einer dringend vorgetragenen Bitte des Körpers um sofortige Hilfe und Änderung der aktuellen Situation.

Krankheit ist in Wirklichkeit ein Freund und Helfer, ein Lehrer, der uns auf anstehende Aufgaben aufmerksam macht und uns notfalls über den Schmerz zwingt, uns sofort damit zu befassen. Sind wir jedoch nicht lernwillig, weil wir die Botschaft gar nicht erkennen oder nicht verstehen, und wollen wir nur das lästige Symptom beseitigen und den Schmerz auflösen, zwingen wir den Körper, uns ein neues Symptom mit der gleichen Botschaft zu schicken. Jeder Mensch ist so lange krank, bis er sich wieder an sich selbst erinnert, an den, der er *wirklich* ist, und dieses innere Heilsein spiegelt der Körper als Gesundheit, Wohlgefühl und Lebensfreude wider. Und so findet die alte Frage »Was fehlt mir eigentlich?« eine ganz neue Antwort. Was wirklich fehlt, ist eine ganz bestimmte, heilende Erkenntnis, und das Symptom enthält die genaue Information, welche heilende Erkenntnis dies ist. So ist eine wirkliche Diagnose bereits die Therapie, und die Ein-Sicht führt zum befreienden Handeln. Dadurch wird die wahre Diagnose zur Therapie der Zukunft und die Ein-Sicht zu einem Universalheilmittel.

Der heilsame Blick nach innen

Wenn wir krank sind, können wir auch mit dem »sprechen«, der von der Krankheit betroffen ist: mit unserem Körper. Bevor wir woanders hingehen, sollten wir »zu uns selbst kommen«. Das ist viel einfacher, als man denkt. Sie brauchen nichts weiter zu tun als innezuhalten, Ihre Aufmerksamkeit von der Außenwelt abzuziehen und auf Ihren Körper zu richten. Stellen Sie sich dabei in Ihrem Herzen die Frage: »Was fehlt mir wirklich und wie kann ich mir helfen?«

Ein Hinweis ist der Atem. Während Sie mit Ihrer Aufmerksamkeit langsam durch den Körper gehen, machen Sie sich Ihren Atem bewusst. Wenn Ihre Aufmerksamkeit dort ist, wo es gerade nicht stimmt, wird auch Ihr Atem nicht stimmen. Der Körper zeigt über den Atem, dass Sie mit Ihrer Aufmerksamkeit gerade bei der Stelle sind, wo eine Änderung notwendig ist und er Ihre Hilfe braucht. Sie können aber auch direkt fragen und sehen, welche Bilder, Gefühle, Eindrücke oder Erinnerungen in Ihnen aufsteigen. Nach einiger Übung entsteht sofort nach der Frage die Antwort als innere Gewissheit.

Manchmal ist die Information mit Angst oder einem Schuldgefühl belastet und deshalb gründlich versteckt. Hier wird das Gefühl zum Führer, und indem Sie in dieses Gefühl der Angst oder Schuld eintauchen, wird die Botschaft sichtbar.

Oft genügt schon die Bereitschaft und Hinwendung zum Problem, um es aufzulösen. Sie können auch das Gefühl als Anzeigeinstrument benutzen und Ihre Aufmerksamkeit darauf richten, welches Gefühl in Ihnen entsteht, während Sie langsam Ihre Aufmerksamkeit durch den Körper führen und sich dabei fragen: Fühlt diese Stelle sich frisch an oder müde, kalt oder warm, ruhig oder unruhig? Dann ist dieses Gefühl die Botschaft über die notwendige Änderung. Dabei werden Sie immer wieder erleben, dass schon der Blick nach innen heilend sein kann, weil der Körper damit die Zuwendung bekommt, die er so dringend braucht.

Wenn Sie ihn fragen, zeigt Ihnen der Körper auch, welche Art von Hilfe er braucht. Die wichtigste Hilfe ist immer die Zuwendung und das Richten der Aufmerksamkeit auf die zu ändernde Situation. Auf jeden Fall wird damit ein heilsamer Prozess in Gang gesetzt, auch wenn eine

Änderung nicht sofort sichtbar ist. Wahre Heilung bedeutet immer mehr als nur Symptomfreiheit. Worum es geht, ist, das Leben aus einer neuen Perspektive zu sehen, nicht mehr festzuhalten an etwas, das vorbei ist, damit der Fluss des Lebens wieder ungehindert fließen kann. Auch Dankbarkeit zu empfinden, gegenüber seinem Körper und dem Leben, ist sehr wichtig. Dem Körper zu sagen und zu zeigen, dass er von Ihnen geliebt und geschätzt wird, ist dabei von besonderer Bedeutung. Da hilft schon ein Lächeln, das Sie ihm schicken. Lächeln Sie in Ihr Herz, Ihren Magen, Ihren Darm, in Ihr ganzes Sein, in jede Zelle Ihres Körpers. Machen Sie sich bewusst: »Jede Zelle meines Körpers, mein ganzes Sein ist durchlichtet und erfüllt von der Vollkommenheit des ICH BIN.« Das führt letztlich zu einer Heilung, die viel umfassender ist als das, was wir normalerweise darunter verstehen.

Inner Clearing

Im Laufe eines Lebens sammeln sich in unserem Zellbewusstsein Energien ungelöster Situationen, unerfreulicher Ereignisse oder belastender Begegnungen. Wenn diese nicht irgendwann aufgelöst werden, schleppen wir einen schweren Rucksack an ungelöster Vergangenheit mit uns herum, der unser tägliches Leben schwer belastet. Diese negativen Energien haben auch körperliche Folgen. Die Muskeln verspannen, und durch die zusätzliche Belastung sind wir anfälliger für Krankheiten. Dieser unnötige Ballast zeigt sich oft auch in Übergewicht, denn der Körper spiegelt getreulich, wenn wir uns das Leben »schwer machen«. Das ist vielleicht der Hauptgrund, warum es so schwierig ist, abzunehmen, obwohl man kaum etwas isst. Dieses seelische Übergewicht schränkt auch die Leistungsfähigkeit stark ein. Wer sich nicht von seiner Vergangenheit lösen kann, schleppt sprichwörtlich stets einen schweren Koffer mit sich herum und hat kaum noch Energie für andere Aktivitäten. Außerdem macht uns die emotionale Überbelastung leicht reizbar und unausgeglichen. Es ist sicher leicht einzusehen, wie hilfreich es wäre, diesen Ballast loszuwerden. Und das ist viel einfacher, als Sie denken. Befolgen Sie die im Kasten auf der folgenden Seite aufgeführten Schritte und lösen Sie sich behutsam von negativen Erlebnissen aus der Vergangenheit.

Nachdem Sie sich vom Ballast der Vergangenheit befreit haben, erheben Sie Ihr Bewusstsein zu seiner wahren Größe und erfüllen Sie mit diesem Bewusstsein jede Zelle Ihres Körpers. Kommen Sie zu Bewusstsein und leben Sie in vollkommener Gesundheit und Alterslosigkeit.

Mit dem Körper sprechen

Der Dialog mit dem Körper ist eine sehr wirksame Methode, um unbewusste Botschaften des Körpers, Symptome oder Schmerzen zu verstehen. Außerdem erhöht das Sprechen mit seinem Körper das Körperbewusstsein. Beginnen Sie ein Zwiegespräch mit dem betroffenen Organ,

Inner Clearing

1. Suchen Sie sich einen ruhigen und gemütlichen Platz und gehen Sie in der Erinnerung noch einmal durch Ihr ganzes Leben. Beginnen Sie mit der frühesten Erinnerung an Ihre Kindheit. Schreiben Sie alle negativen Ereignisse auf, auch wenn Sie glauben, dass diese bereits gelöst sind. Lassen Sie sich ausreichend Zeit, bis Sie sicher sind, alles gefunden und aufgeschrieben zu haben.

2. Gehen Sie in Ihrer Imagination noch einmal sorgfältig in jede Situation. Wichtig ist, dass Sie sie sich nicht nur vorstellen, sondern wirklich noch einmal erleben. Dabei halten Sie mit Daumen und Zeigefinger die beiden Stirnbeinhöcker – das sind die Punkte über der Mitte der Augenbrauen. Schauen Sie beim ersten Mal in den Spiegel, damit Sie die Punkte sicher finden. Sie spüren sofort, dass diese Punkte energetisch »in die Tiefe« reichen.

3. Während Sie sich eine noch belastende Situation vorstellen, halten Sie Daumen und Zeigefinger gleichzeitig an diese Punkte, bis sie »entladen« sind. Sie erkennen das daran, dass Sie Dankbarkeit, Freude und Erleichterung spüren, meist nach etwa einer Minute. Dann wissen Sie, dass diese Situation energetisch entladen und aufgelöst ist. Machen Sie das mit allen Situationen, bis Sie völlig frei sind und leicht in ein neues Leben gehen können.

dem Körperteil, dem Symptom, dem Schmerz oder dem Körper als Ganzes. Sie können Ihren Gesprächspartner mit Worten ansprechen oder in der Sprache des Unterbewusstseins, dem Bild, kommunizieren. Stellen Sie sich den betroffenen Körperteil bildhaft vor. Wie sieht das innere Bild aus? Sprechen Sie mit dem Bild, fragen Sie: Was willst du mir sagen? Warum ist das so, wie es gerade ist? Wie kann ich dir helfen? Was ist zu tun? Wie sieht der Weg zur Heilung aus? Was sind die nächsten Schritte? Bei Schmerzen können Sie sich einen Kontrollknopf vorstellen, wie die Fernbedienung Ihres Fernsehgerätes. Stellen Sie mit diesem Knopf den Schmerz »leiser«. Über das bewusste Erzeugen von Bildern lassen sich Körperfunktionen steuern. Sie müssen nur das richtige Bild finden, das von Ihrem Unterbewusstsein verstanden wird. Das Bild kann natürlich auch ein Film des Vorganges oder des erwünschten Ablaufes sein. Geben Sie Ihrem Unterbewusstsein so ein Bild des erwünschten Endzustandes.

Sprechen Sie auch einmal mit Ihrem wahren Selbst und lassen Sie sich informieren, wie Sie Ihrem Körper helfen und in Zukunft Krankheit vermeiden können.

Das Leben bewusst führen

Wir alle haben Verhaltensweisen und Gewohnheiten, die irgendwann einmal richtig und sinnvoll waren, die aber längst nicht mehr zu unserem heutigen Leben passen. Dazu gehören auch Beziehungen, mit denen uns nur noch eine Erinnerung verbindet. Irgendwann sollten wir uns davon befreien, am besten von der ganzen Vergangenheit, denn sie ist ohnehin vergangen und kommt nie mehr wieder, kann aber in der Gegenwart zum Ballast werden.

Renovieren Sie Ihr Leben! Stellen Sie alles, wirklich alles in Frage und prüfen Sie, ob es noch zu Ihnen gehört, und lassen Sie alles los, was *jetzt* nicht zu Ihrem Glück beiträgt. Denn alle früheren Erlebnisse sind in unserem Körper gespeichert und machen uns zunehmend unbeweglicher. Es ist nicht die Last der Jahre, die uns bedrückt, sondern die Unzahl nicht losgelassener Erlebnisse der Vergangenheit, die so auch die Gegenwart weiter bestimmen. Gehen Sie noch einmal in Ihrer Vorstellung durch Ihr Leben und lösen Sie alle belastenden Erlebnisse auf, indem Sie sich bewusst machen, dass sie vorbei sind, dass Sie heute in einer ganz anderen Situation sind. Lösen Sie die Ereignisse in dieser Erkenntnis energetisch in Harmonie auf und lassen Sie sie bewusst los. Sie werden sehen, dass Sie danach immer freier durchs Leben gehen.

Prüfen Sie vor allem Ihre Gewohnheiten, also Verhaltensweisen, die durch Wiederholung zu einem Teil Ihres Lebens geworden sind, und legen Sie sich neue, stimmige Gewohnheiten zu, indem Sie diese wiederholen, bis sie von selbst geschehen. Legen Sie sich vor allem die Gewohnheit zu, in *jeder* Situation in heiterer Gelassenheit durchs Leben zu gehen. Geben Sie den Umständen nie mehr die Macht, Ihre Laune und Ihr Sein zu bestimmen. Das gilt auch und gerade für Schwierigkeiten und Probleme. Sehen Sie diese einfach als Aufgabe, eine von unzähligen, die Sie schon in Ihrem Leben gelöst haben. In ein paar Stunden oder Tagen wird auch sie gelöst und damit Vergangenheit sein. Sehen Sie jede Aufgabe als Kompliment des Schicksals an Ihre Fähigkeit, sie zu lösen. Und indem Sie so Ihr Leben bereinigen, machen Sie auch die Welt ein bisschen freier und schöner.

Eine andere sinnvolle Gewohnheit ist der Mittagsschlaf. Tatsächlich verbessert ein kurzer Mittagsschlaf deutlich die Gehirnfunktion, steigert die Leistungsfähigkeit, baut Stress ab und verlängert Ihr Leben. Eine andere sinnvolle Gewohnheit kann es sein, sich regelmäßig ein »Verjüngungsbad« zu gönnen. Es ist noch nicht wissenschaftlich erwiesen, ob es Sie tatsächlich jünger macht, aber mit Sicherheit fühlen Sie sich danach wohl. Ein Bad verbessert auch den Schlaf – besonders in Verbindung mit entsprechenden Kräutern –, bringt den Hormonspiegel in Harmonie, baut Stress ab und entspannt wohltuend.

Eine unverzichtbare Gewohnheit für ein langes und gesundes Leben ist außerdem die regelmäßige Darmpflege. Natürlich sollten Sie auch auf die optimale Nahrung achten, aber eben auch darauf, sie wieder loszuwerden. Ist der Darm verschlackt, was bei den meisten Menschen der Fall ist, besonders im Alter, kann der Körper nicht mehr richtig mit Nährstoffen versorgt werden, und das Immunsystem wird geschwächt. Auch hier zeigt sich, ob Sie die »Kunst des Loslassens« beherrschen, ob Sie einfach alles hinter sich lassen können, was nicht mehr zu Ihnen gehört.

Wie Medikamente heilen

Medikamente sind Energien, die einen Mangel ausgleichen. Der Prozess der Ganzwerdung beinhaltet immer eine Erkenntnis, die den Mensch ganzer und damit heiler
werden lässt. Kommt es nicht zu der notwendigen Erkenntnis, führt die eingesetzte Energie Sie auf den Weg
der Erfahrung und bringt stets die Heilung, die dem derzeitigen Bewusstsein entspricht. Ganz gleich, auf welcher
Ebene Sie ein Medikament einnehmen, Sie werden vom
Leben nur mit dem Schritt konfrontiert, der jetzt hilfreich
ist, den Sie tun können, der Ihrem derzeitigen Bewusstsein entspricht. So wie Ihr Bewusstsein immer »feiner«
wird, so wird auch das benötigte Medikament immer »fein-
stofflicher«. Wenn Sie ein physisches Medikament einnehmen, werden Sie auf der physischen Ebene mit dem eigentlichen Schritt zur Heilung konfrontiert. So wirkt jedes
Medikament auf der Ebene, zu der die verwendete Energie
gehört, und zwingt Sie auf dieser Ebene, den notwendigen
Schritt zur Ganzheit zu tun.

So heilt das Leben Schritt für Schritt, aber Sie können
auch jederzeit einen »Sprung« tun, um heil zu werden.
Die endgültige Heilung ist die Vollkommenheit, das Ziel
der Evolution. Dieses Ziel zu erreichen ist die Bestimmung
eines jeden Menschen, und er erreicht dieses Ziel entweder auf dem Weg der Erkenntnis oder auf dem Weg der Erfahrung über Krankheit und Leid.

Mit der Einnahme eines Medikamentes signalisieren
Sie dem Leben Ihre Bereitschaft, heiler zu werden. Das Le-

ben führt Sie dann immer zunächst auf den Weg der Erkenntnis. Erkennen Sie aber nicht oder tun Sie aus dieser Erkenntnis heraus nicht die notwendigen Schritte, führt Sie das Leben auf den Weg der Erfahrung. Es verstärkt die Symptome und konfrontiert Sie dadurch immer klarer, aber auch immer zwingender mit der Aufgabe, bis Sie den erforderlichen Schritt getan haben und bereit sind für eine neue Aufgabe, einen weiteren Schritt.

Je weiter fortgeschritten Sie sind, desto differenzierter und sorgfältiger müssen Sie das Medikament, die einzusetzende Energie wählen. Das, was bisher immer geholfen hat, kann irgendwann vielleicht nicht mehr helfen, weil es dem Bewusstsein nicht mehr entspricht.

Die Form der Heilung passt immer zum derzeitigen Bewusstsein. Wenn Sie sich an einer heißen Herdplatte verbrennen, kann die Botschaft lauten, sinnvoller mit der elektrischen Energie umzugehen oder achtsamer zu sein in Ihren Handlungen, oder es führt zur Erleuchtung durch die Erkenntnis, dass Sie diese hohe Energie noch verletzen kann, weil Sie noch nicht in der höchsten Energie sind. Und es ist immer eine Aufforderung, den jetzt notwendigen Schritt zu tun!

Im größten arzneimittelfreien Krankenhaus der Welt in China werden nur »geistige Medikamente« verabreicht, begleitet von der täglichen Anwendung einer bestimmten Bewegungsmeditation, Zhi-Neng Qi Gong genannt. Die Bewegungen werden ganz langsam, fast wie in Zeitlupe und mit geschlossenen Augen ausgeführt. Dabei stellt man sich vor, dass durch diese harmonischen Bewegungen

die »energetischen Knoten« berührt und aufgelöst werden, so dass die Heilungsenergie, das Chi, wieder frei fließen kann. Durch eine gezielte Visualisierung wird die Heilungsenergie dann besonders zu den Schwachstellen des
Körpers geleitet, bis sich auch dort spürbar Energieblocka-
den auflösen und der ganze Körper wieder mit Chi erfüllt
ist. Bei der Anwendung dieser Therapie wird nicht unter-
schieden, an welcher Krankheit der Patient leidet, sondern
es wird lediglich der blockierte Energiefluss wieder befreit,
so dass er die gestörte Harmonie wiederherstellt. Erstaunlich sind die Ergebnisse. Ganz gleich, wie lange der Patient
schon an dieser Krankheit leidet und ob sie bereits chro-
nisch geworden ist, etwa die Hälfte der Patienten erlebt eine spontane Heilung, bei der keine erkennbaren Symptome mehr auftreten. Bei der anderen Hälfte dauert es länger, bis sich Ergebnisse zeigen. Die chinesischen Heiler
erklären das damit, dass manche bewusste oder unbewusste Vorbehalte haben, die die Wirkung des Chi abschwächen oder noch gar nicht zulassen, so dass zunächst die
Bereitschaft für die Heilung geschaffen werden muss.

Das Unterbewusstsein

Das Unterbewusstsein besitzt eine starke Beharrlichkeit,
seinem inneren Programm zu folgen und sich entsprechend zu verhalten. Das ist eine sehr sinnvolle Eigenschaft,
denn dadurch brauchen wir nicht bei jedem Schritt unser
Verhalten neu zu bestimmen, sondern können dem Un-

terbewusstsein die automatische Wiederholung des bisherigen Verhaltens überlassen. Das Unterbewusstsein wird dieses Verhalten so lange wiederholen, bis es ein neues Programm erhält. Dieses neue Programm wird durch eine klare Definition, Überzeugung, Imagination und mindestens 21-malige Wiederholung verankert, wobei automatisch das bisherige, nun unerwünschte Verhalten gelöscht wird.

Wenn Sie Ihr Verhalten ändern möchten, aber das bisherige Programm bestehen lassen, müssen Sie ständig gegen Ihr Unterbewusstsein ankämpfen, und da das Unterbewusstsein »unermüdlich« ist, können Sie diesen Kampf gar nicht gewinnen.

Dabei ist Ihr Unterbewusstsein aber jederzeit bereit, jedes gewünschte neue Programm anzunehmen, wenn Sie es durch Wiederholung verankern und damit das bisherige Programm unwirksam machen. Und Ihr Unterbewusstsein wird genauso zuverlässig das neue Programm als Ihr Verhalten in Erscheinung treten lassen wie es das mit dem bisherigen Programm gemacht hat, weil es ein Programm nicht beurteilt und bewertet, sondern ihm einfach folgt, sobald es gespeichert ist.

Voraussetzung dafür ist allerdings, dass Sie selbst daran glauben. Denn Ihr Unterbewusstsein wird überzeugt durch Ihren Glauben. Wenn Sie also etwas wiederholt machen, aber selbst nicht davon überzeugt sind oder nicht an die Wirksamkeit glauben, wird auch Ihr Unterbewusstsein nicht daran glauben und bei dem bisherigen Programm bleiben – *bis Sie Ihre Überzeugung ändern!*

Dann aber ist das Unterbewusstsein Ihr bester Freund und Helfer und verwirklicht getreulich, was immer Sie wünschen und ihm durch ausreichende Wiederholung und Ihre feste Überzeugung als erwünscht mitteilen. Plötzlich gibt es keinen inneren Schweinehund mehr zu überwinden, denn Ihr Unterbewusstsein ist auf Ihrer Seite, und das war es schon immer und wird es auch immer sein. Dann können Sie sich daranmachen, mit seiner zuverlässigen Hilfe alle Aspekte Ihres Lebens zu überprüfen und in der erwünschten Weise zu verändern und diese Veränderung gleich als neues Programm in Ihrem Unterbewusstsein zu installieren. Sie »erfinden« sich gewissermaßen auf diese Weise ständig neu, und ohne besondere Mühe folgt Ihr Verhalten dem neuesten Stand Ihrer Erkenntnis und Ihren Wünschen. Da Ihr Denken einen so entscheidenden Einfluss auf Ihr Leben und auf die Gestaltung Ihres Schicksals hat, sollten Sie damit beginnen, Ihr Denken zu optimieren und ständiges positives Denken als Programm in Ihrem Unterbewusstsein zu installieren, so dass sich damit ganz automatisch auch Ihre Ausstrahlung, Ihre energetische Signatur, verändert und damit das, was Sie nach dem »Gesetz der Resonanz« in Ihr Leben ziehen und als Realität, als Ihr Schicksal erleben.

Mit Ihrem treuen Freund Unterbewusstsein an Ihrer Seite bestimmen Sie alle Lebensumstände ganz bewusst selbst und können sie jederzeit wieder verändern, wie es Ihnen gefällt. Sie sind der Schöpfer aller Lebensumstände, und Ihr Unterbewusstsein ist Ihr Diener, der alles sorgfältig ausführt, ohne dass Sie sich weiter darum kümmern müssen.

Das Alter als eine erfüllende Lebensphase betrachten

Interessant ist das Ergebnis einer Langzeitstudie, bei der in Ohio eine ganze Stadt über einen Zeitraum von 20 Jahren beobachtet wurde. Die Teilnehmer wurden am Anfang befragt, wie sie über das Alter denken und was sie von ihrem eigenen Alter erwarten.

Die Studie zeigte unerwartet eindeutig, dass diejenigen, die das Alter als eine erfüllende Lebensphase ansahen und positiv über ältere Menschen dachten, im Durchschnitt siebeneinhalb Jahre länger lebten als diejenigen, die vom Alter nichts erwarteten, und zwar unabhängig von Geschlecht, sozialem Status, Bildung und dem damaligen Gesundheitszustand. Das zeigt eindeutig, dass positives Denken, unsere Überzeugungen und Erwartungen, vor allem aber ein positives Selbstbild das Leben deutlich verlängern. Und es zeigt, dass wir selbst bestimmen können, wie alt wir uns *fühlen*. Denn Langlebigkeit ohne jung und gesund zu sein ist eher ein Fluch, also genügt es nicht, einfach immer nur älter zu werden, wenn wir dabei nur länger krank sind.

Altern heißt auch, dass eine Instanz im Körper oder in unserem Bewusstsein entschieden hat, Reparaturen einzustellen, wenn wir nach unserem Selbstbild alt geworden sind und nichts mehr vom Leben erwarten. Hier ist die entscheidende Schaltstelle, die wir mit unserer Einstellung zur Gesunderhaltung und Lebensverlängerung nutzen können. Wir sind noch fast alle »Amateure des Alterns«, und das sollten wir unbedingt ändern, damit wir die einge-

bauten genetischen Schutzschalter bis ins hohe Alter in
Funktion halten können.

Viele Krankheiten verlangsamen sich im Alter oder gehen zurück. Das heißt, wir können mit 90 gesünder, krea-
tiver und jünger sein, als wir es mit 80 waren, und das gilt
für jedes Alter. Das bedeutet konkret, Sie können gleich
jetzt anfangen, jünger zu werden. Der wichtigste Schritt
dazu ist, die überholten Vorstellungen und Überzeugungen, die wir vom Alter haben, als falsch zu erkennen
und aufzulösen. Wir verbinden unbewusst Altern und körperliches Alter mit bestimmten körperlichen Entwicklun-
gen und Fähigkeiten. Prüfen Sie doch einmal, was Sie derzeit mit dem Alter verbinden. Ist es Souveränität, Gelassenheit, Weisheit, Reife, Anerkennung und Freude, oder
ist es Einsamkeit, Ausgeschlossensein, nicht mehr dazu-
gehören, Isolation, Traurigkeit, Gebrechlichkeit, körperlicher Verfall, Aussichtslosigkeit, Armut, Interesselosig-
keit?

Es geht also darum, das Unterbewusstsein zu rekonditi-
onieren. Das heißt zunächst, die gespeicherten, überholten Überzeugungen zu erkennen und sie aufzulösen und
dann neue, erwünschte Überzeugungen zu schaffen und
sie zuverlässig zu verankern. Es bedeutet auch, zu erkennen, dass niemand dadurch alt wird, dass er eine bestimmte Anzahl von Jahren erlebt hat, sondern dass Jugend und
Gesundheit ein ganz bestimmter Geisteszustand sind.

Denken Sie sich jung

Im Jahr 1979 zeigte ein Aufsehen erregendes Experiment an der Harvard-Universität, dass eine Änderung der Richtung des Bewusstseins zu einer deutlichen Verjüngung führt. Eine Gruppe von Männern im Alter von 75 oder älter wurde aufgefordert, eine Woche lang geistig in der Vergangenheit zu leben. Sie durften nichts mitbringen, was sie an die jetzige Zeit erinnern konnte. Das Haus, in dem das Experiment stattfand, war entsprechend eingerichtet, und sie sollten sich auch in ihren Gesprächen so verhalten, als seien sie 20 Jahre jünger. Sie sprachen also über ihre Karriere, als seien sie voll aktiv, obwohl sie sich längst alle im Ruhestand befanden. Obwohl sie auf diese Weise nur *eine* Woche geistig in der Vergangenheit lebten, waren die Veränderungen signifikant. So verbesserten sich das Gedächtnis und die manuelle Geschicklichkeit deutlich. Die Gesichter wirkten jünger, die Gelenke wurden wieder beweglicher, die Haltung richtete sich auf, der Gang war jünger und schwungvoller, und sogar das Seh- und Hörvermögen nahm deutlich zu. Und der Intelligenzquotient insgesamt steigerte sich in dieser kurzen Zeit erheblich.

Bei einer Kontrollgruppe, die während dieser Zeit in der Gegenwart lebte, waren keine derartigen Veränderungen eingetreten.

Ich habe Ähnliches erlebt. Wenn ich in der Hypnose Patienten in ihre eigene Jugend zurückführte und sie dann »jung« aufweckte, nahmen Brillenträger fast immer als Erstes die Brille ab, weil sie sie störte. Sie konnten plötzlich wieder Kleingedrucktes ohne Brille lesen, während sie mit Brille deutlich schlechter sahen. Kaum hatte ich sie wieder in ihr jetziges Alter zurückversetzt, tasteten sie sofort nach der Brille. Es waren die gleichen Augen, mit denen sie gerade noch alles deutlich sehen konnten, und von einem Moment zum anderen brauchten sie wieder eine Brille. Das zeigte mir, dass Altern offensichtlich ein Bewusstseinsprozess ist, der sich mit einer Veränderung des Bewusstseins ebenfalls ändert. Um festzustellen, wie die Wirkung ist, wenn man *ständig* in einem veränderten Bewusstsein lebt, nahm ich mich selbst als »Versuchsperson« und konnte so an mir erleben, was durch ein verändertes Bewusstsein mit dem Körper geschehen kann.

Ich kann Ihnen nur nahelegen, den gleichen Versuch auszuführen, und dabei werden Sie ähnliche Erfahrungen machen, so dass Sie nie mehr auf den »Jungbrunnen Bewusstsein« verzichten wollen. Möglicherweise wird das irgendwann als zuverlässigster Weg erkannt werden, jünger zu werden, ohne jede Nebenwirkung, ausgenommen der Tatsache, dass Sie sich deutlich jünger und wohler fühlen, eine gesteigerte Lebensfreude und Unternehmungslust spüren und Krankheit kaum noch auftritt.

Jeder Gedanke, jedes Gefühl, jede Überzeugung, die Sie über das Altern haben, teilt sich unmittelbar dem Bewusstsein jeder einzelnen Zelle Ihres Körpers mit und bestimmt Ihre Realität. Der erste Schritt in ein altersloses Leben beginnt bei der bewussten Ausrichtung Ihres Denkens und Ihrer Überzeugungen. Ihr Körper kennt keine Kalender und keine Zeit – SIE sind die »Uhr«, nach der er sich richtet. Warum, fragen Sie sich vielleicht, sieht ein Achtzigjähriger nicht so aus wie ein Zwanzigjähriger, wenn wir doch jedes Jahr einen fast neuen Körper bekommen? Weil er das Bewusstsein eines Achtzigjährigen hat, und das prägt jede neue Zelle, die von sich aus gar nicht weiß, ob sie in einem Zwanzigjährigen oder einem Achtzigjährigen steckt.

Leider sind die Informationen, die wir in unser Bewusstsein nehmen, meist negativ und oft auch noch widersprüchlich, überholt oder sogar schädlich. Lassen Sie daher nicht mehr zu, dass sich unbemerkt negative Gedanken mit einem Gefühl verbinden und so zur Ursache werden, die dann als Realität in Ihrem Leben »in Erscheinung« tritt. Ihr heutiger Zustand ist das Ergebnis früherer Gedanken und Gefühle, und Ihre heutigen Gedanken und Gefühle bestimmen Ihre Zukunft und Ihre Realität von morgen. Lassen Sie daher auch nicht mehr zu, dass andere Sie mit ihren negativen Ansichten belasten, und bringen Sie das Gespräch sofort auf Möglichkeiten und Lösungen. Umgeben Sie sich mit Menschen, die eine positive Grundeinstellung zum Leben haben, und seien Sie vor allem selbst ein solcher Mensch, der erhebend auf seine Umgebung wirkt. Dann fallen Ihnen die angenehmsten Dinge einfach zu, und Sie erleben immer wieder erfreuliche »Zufälle« und »Fügungen«. Andere werden Sie dann für einen Glückspilz halten, Sie aber wissen es besser. Es ist Ihr Verdienst, eine Wirklichkeit, die Sie mit der Ausrichtung Ihrer Gedanken und Gefühle geschaffen haben.

Es ist eine Tatsache, dass Optimismus das Leben verlängert. Gute Laune erhält das Immunsystem jung und gesund. Schwarzsehen und Pessimismus dagegen fördern den Umsatz der Bestattungsinstitute. Und auch Lachen ist sehr gesund und kann gar nicht oft genug angewandt werden. Sogar vorgetäuschtes Lachen hat eine wohltuende Wirkung. Die Ausrichtung Ihrer Gedanken beeinflusst sogar Ihr Aussehen, und vor allem natürlich Ihre Ausstrahlung und macht Sie zu einer »gewinnenden Erfolgspersönlichkeit«, der einfach alles gelingt und die immer gesund und »gut drauf« ist und das Leben genießt.

Der Glaube, dass wir alt werden müssten, nur weil die Zeit vergeht, ist eine dieser überholten Überzeugungen, die wir löschen sollten. Denn das geistige Bild, das wir von uns haben, ist der Bauplan, nach dem die Körperintelligenz die Lebensprozesse steuert. Das heißt, der Glaube daran, dass wir altern, setzt erst den Altersprozess in Gang. Das, woran Sie glauben, ist die Macht, die Ihr Leben bestimmt. Da Ihr Körper nachweislich die Fähigkeit zur Selbstverjüngung besitzt, liegt es bei Ihnen, welchen geistigen Bauplan Sie ihm geben, nach dem er vorgeht. Machen Sie sich bewusst, dass Ihr Körper auch in diesem Augenblick dabei ist, sich zu regenerieren und sich jung zu erhalten, so lange Sie ihn brauchen.

Unsere Körperzellen haben eine ganz unterschiedliche Lebensdauer. So werden die weißen Blutkörperchen teilweise nur wenige Stunden alt, während die roten etwa eine Lebensdauer von 120 Tagen haben. Hautzellen erleben, je nach Körperteil, 20 bis 30 Tage, während Knochenzellen extrem langlebig sind und bis zu 30 Jahre alt werden können. Die kleinen grauen Zellen Ihres Gehirns erneuern sich fast gar nicht, wenngleich auch hier die Moleküle sich natürlich laufend erneuern.

Wir haben auch nicht ein Gehirn, wie die meisten glauben, sondern eigentlich noch immer drei Gehirne, die auch ganz unterschiedlich reagieren. Den Kern bildet das Stammhirn. Es ist emotionslos und bestimmt unsere Reaktionen, Angriff und Selbstverteidigung. Darüber sitzt das Zwischenhirn (das Limbische System), das die Basis unserer Emotionen bildet und unser soziales Verhalten bestimmt. Hier spielt ein bestimmter Teil, die Amygdala, eine ganz besondere Rolle. Sie ist gewissermaßen die Schaltstelle, die bestimmt, welches Gehirn das Handeln bestimmt. Über allem sitzt der Neocortex. Alle drei Gehirne arbeiten nicht immer reibungslos miteinander, sondern mitunter auch gegeneinander, weil sie eine ganz unterschiedliche »Software« haben. Über die Schaltstelle Amygdala aber können wir ganz bewusst eingreifen und durch Imagination den hinteren Teil aktivieren, der die Flucht- oder Kampfreaktion hervorruft, verbunden mit Wut oder Angst. Sie können auch ganz bewusst durch die Macht Ihrer bildhaften Vorstellung die Vorderseiten aktivieren und erleben so Harmonie, Wohlgefühl und ein Bewusstsein der Einheit. Durch die bewusste Anwendung Ihrer Imagination können Sie den Schalter umlegen und die erwünschten Reaktionen aktivieren. Sie können es sich aber auch zur Gewohnheit machen, ständig den vorderen Teil zu aktivieren.

Probieren Sie es doch gleich einmal aus, indem Sie Ihre Aufmerksamkeit auf den vorderen Teil Ihrer Amygdala richten und dort halten. Sie brauchen dafür nicht zu wissen, wo Ihre Amygdala sitzt und wie sie aussieht. Es genügt, dass Sie sich eine Vorstellung davon machen und in dieser Vorstellung »sehen«, wie Sie den vorderen Teil Ihres Gehirns aktivieren. Vielleicht stellen Sie sich vor, dass Sie den vorderen Teil berühren, oder Sie lenken imaginativ Energie auf diese Stelle. Ihr Unterbewusstsein verfolgt Ihre Vorstellung und vollzieht Ihre Absicht. Erleben Sie einmal ganz bewusst den Unterschied, den Sie in wenigen Sekunden schaffen können, und treffen Sie dann Ihre Wahl, in welcher Energie Sie ab jetzt ständig leben möchten. Wir können keinen noch so flüchtigen Gedanken haben, ohne damit gleichzeitig eine Wirkung in unserem Körper zu erzielen. Das gilt besonders für Gedanken, die mit einem besonders starken Gefühl verbunden sind, weil dann die Wirkungen auf unseren Körper noch bedeutender sind und schneller eintreten.

Eine Statistik unseres Denkens würde zeigen, dass ein Großteil unserer Gedanken negativ ist. Negative Ursachen können aber auch nur negative Folgen haben. Schon Buddha sagte: »Ihr, die ihr leidet, wisset, ihr leidet durch euch selbst. Niemand zwingt euch dazu, dass ihr leidet, und auch Befreiung kommt nur durch euch selbst.«

Unsere Welt ist kein lebloser Steinhaufen, sondern ein lebendiges, dynamisches System aus Energie. Jeder Ihrer Gedanken erzeugt einen Eindruck in diesem System, und seine Wirkung macht sich bemerkbar. Durch das, was Sie denken, schaffen Sie sich unausweichlich Ihre eigene Wirklichkeit.

Mit unserem Denken erschaffen wir unsere Realität. Dieses Gesetz ist unfehlbar, es ist weder gut noch schlecht, es ist. Und da Sie der Urheber der Umstände Ihres Lebens sind, heißt das auch, dass Sie sie ändern können – nur Sie, und das jederzeit.

Die Macht des Glaubens

Das, was Sie glauben, bestimmt das, was Sie erleben, denn Ihre Erfahrung folgt *immer* Ihrer Überzeugung. Wissen stellt Tatsachen fest, Glaube *schafft* Tatsachen. Nicht umsonst heißt es schon in der Bibel: »Alle Dinge sind möglich dem, der glaubt.« (Markus 9, 23)

Wahrer Glaube ist ein »inneres Gewiss-Wissen«, das nicht auf äußeren Beweisen ruht. Es ist ein inneres Erkennen der Wirklichkeit. Je nach Art Ihres Glaubens arbeitet dieser für oder gegen Sie. Denn auch wer nicht glaubt, glaubt, nur eben das Falsche. Auch Zweifel ist ein Glaube, der gegen Sie arbeitet. Doch der festeste Glaube muss wirkungslos bleiben, wenn Sie die Erfüllung dessen, was Sie glauben, in die Zukunft verlegen und in der Gegenwart Ihr Bewusstsein auf den Mangel richten. Wahrer Glaube schafft Wirklichkeit. Aber in dem Maße, in dem wir nicht bewusst unsere Überzeugungen bestimmen, entzieht sich die Realität unserer Kontrolle. So kann Ihr Körper oft auf Grund Ihrer schädlichen Überzeugungen nicht mehr optimal funktionieren, oder er wird krank oder vorzeitig alt. Sie haben so viel Gesundheit, Erfolg, Geld, Erfüllung und

Glück, wie Ihr Glaube zulässt. Ob Sie glauben, etwas zu erreichen oder nicht zu erreichen, Sie werden in beiden Fällen Recht behalten. Die Macht des Glaubens ist jederzeit bereit, für Sie tätig zu werden. Vielleicht haben Sie auch »unsichtbare Überzeugungen«. Diese schaffen ebenso Realität, sind aber so selbstverständlich, dass Sie sie nicht mehr als Glaubenssätze erkennen. Sie können sie aber sichtbar machen, indem Sie von der geschaffenen Realität ausgehen und sich fragen: »Welche Überzeugung muss vorhanden sein, um diese Realität hervorzubringen?« *Jede* Realität ist jederzeit bereit, sich zu verändern. Realität ist weder gut noch schlecht, sie *ist* und kann jederzeit »umgeglaubt« werden.

Wenn Sie Ihr Bewusstsein auf Probleme richten, auf Schwierigkeiten, Schwächen, Mangel, Leid oder Krankheit, verursachen Sie damit genau das. Das Gleiche gilt auch, wenn Sie Ihr Bewusstsein auf Gesundheit, Wohlstand, Chancen, Lebensfreude und Erfüllung richten. In diesem Universum gibt es keinen Zufall, nur Ursache und Wirkung. Lernen Sie, Ereignisse »herbeizuglauben«, indem Sie Ihre Überzeugungen bewusst wählen. *Sie* sind der Schöpfer, und das Leben ist Ihr treuer Diener. Er kann aber nur so gut sein wie die Anweisungen, die Sie ihm geben.

Nutzen Sie die »Macht der Imagination« und »sehen« Sie sich im idealen Alter. Durch die Macht der Wiederholung beginnt der Körper *sofort*, diesem Bild zu entsprechen, indem er zunächst das Altern verzögert, und wenn Sie dabei bleiben, stoppt und letztlich umkehrt. Jede Überzeugung, ja, jeder Gedanke und jedes Gefühl, vor allem aber jede Vorstellung wird von unserem Immunsystem registriert und hat eine sofortige Auswirkung auf den Alterungsprozess.

Das Gleiche gilt für unser Selbstbild. Es ist eine stark wirkende Ursache und prägt entscheidend unser Schicksal, das in Wirklichkeit ein »Machsal« ist. Oft ist dieses Bild von anderen geprägt und entspricht Ihnen selbst gar nicht. Dann aber entspricht Ihnen auch Ihr Leben nicht. Es ist ja gar nicht *Ihr* Leben. Dabei sind Sie geboren als Gewinner.

Ihre Gedanken beeinflussen auch Ihr Aussehen, also denken Sie sich jung, gesund und schön. Erfinden Sie sich einfach neu mit der schöpferischen Imagination. Sie machen damit aus einer Möglichkeit der Zukunft erlebte Realität der Gegenwart.

Lösen Sie sich von Ihrer Identifikation mit was auch immer und erkennen Sie Ihr wahres Sein. Kommen Sie so von der Identifikation zur wahren Identität, dem bewussten ICH BIN. Beginnen Sie jeden Tag ganz bewusst als ICH BIN und schlafen Sie ein als ICH BIN. Ihre bewusste wahre Identität wird Ihr Leben entscheidend verändern.

Nutzen Sie bewusst die Macht des Glaubens. Wir glauben zu viel an die Macht des Wissens und wissen zu wenig von der Macht des Glaubens. Das, was ich glaube, bestimmt das, was ich erlebe. Meine Erfahrung folgt immer meiner Überzeugung. Wahrer Glaube ist wirklichkeitsschaffend. *Alle* Gegebenheiten sind die Folge vorausgegangener Überzeugungen.

Wählen Sie bewusst Ihre Überzeugungen. Lernen Sie, Dinge, Situationen und Ereignisse, aber auch Begegnungen und Zufälle »herbeizuglauben«. Vollziehen Sie den Schritt vom Opfer zum bewussten Schöpfer Ihres Lebens.

Leben als Bewusstsein

Es gibt ein bestimmtes Gehirnareal, das Sitz der Persönlichkeit ist. Alle Erfahrungen, Programme und Begrenzungen der Persönlichkeit sind dort gespeichert. Solange jemand in Identifikation mit einem Raum lebt, bleibt er innerhalb der dort geltenden Gesetzmäßigkeiten und Grenzen. Aber es existiert auch ein anderes Gehirnareal, von dem aus das Bewusstsein wirkt und in dem diese Programme und Begrenzungen nicht existieren. Dort war der Körper noch nie krank, kennt kein Altern und kann auch nicht sterben. Sobald jemand sein Persönlichkeitsareal verlässt und sich mit diesem Areal identifiziert und von dort aus lebt und handelt, beginnt der Körper im gleichen Augenblick sein wahres Sein widerzuspiegeln. Das Bewusstsein lässt sich ganz einfach verlagern, indem man es auf den Bereich richtet, in dem der Körper vollkommen gesund ist und jung bleibt. Wenn Sie das ins Bewusstsein nehmen, ist es sofort vollzogen. Dort ist es auch Ihre freie Wahl, in welchem Alter dieser Körper »in Erscheinung« tritt. Durch die Verlagerung des Bewusstseins wird dieser Bereich mit Energie versorgt und damit aktiviert. Damit wird auch das »Unsterblichkeitsprogramm« auf den Körper projiziert und beginnt zu wirken. Sobald Sie aber wieder aus der Persönlichkeit handeln und sich damit identifizieren, endet diese Wirkung, und Sie unterliegen wieder den bisherigen Bedingungen, in denen der Körper krank werden kann und altert und irgendwann einmal stirbt. Der Fokus des Bewusstseins entscheidet, welcher Bereich aktiviert wird und damit wirkt. Das Bewusstsein hat jederzeit die Wahl, welche Erfahrung es machen möchte, die »natürlichen« Begrenzungen der Persönlichkeit, des Menschseins oder die Erfahrung der Wirklichkeit des SEINS und damit der natürlichen Unsterblichkeit, vollkommenen Gesundheit und Weisheit. Dabei ist es wichtig, ja, sogar entscheidend, ob Sie wirklich Ihre Identifikation mit dem Persönlichkeitsraum beenden und sich als Bewusstsein erleben oder ob Sie nur als Persönlichkeit in die *Vorstellung* von Gesundheit und Weisheit gehen.

Und dann erleben Sie natürlich auch nur Ihre Vorstellung von Gesundheit und Weisheit, nicht aber die Wirklichkeit des SEINS.

Verzeihen

Ohne zu verzeihen, ist eine wirkliche Harmonie nicht möglich, die die Grundlage eines langen, gesunden Lebens darstellt. Erstaunlich viele Menschen aber wissen nicht, was Verzeihen wirklich bedeutet und wie man es vollzieht.

So heißt verzeihen nicht vergessen, was geschehen ist, sondern das Urteil darüber aufzuheben und den anderen nicht mehr für das zu verurteilen, was er getan hat. Verzeihen bedeutet außerdem, das Geschehene auch nicht mehr persönlich zu nehmen, in der Erkenntnis, dass man nach dem Gesetz der Resonanz ohnehin nur das anziehen kann, was derzeit gerade zu einem gehört. Der andere ist also nur ein Bote des Schicksals, der Ihnen die Lektion bringt, die Sie gerade notwendig gemacht haben. Deshalb können Sie ihm dafür gar keinen Vorwurf machen, und Sie erkennen, dass es gar nichts zu verzeihen gibt.

Es genügt aber nicht, zu sagen: »Ich vergebe dir.« Verzeihen ist keine Erklärung, keine Behauptung, sondern eine Änderung meines Soseins. Indem Sie die Wirklichkeit hinter dem Schein erkennen, kommen Sie zu einem ganz anderen Ergebnis und damit einem anderen Verhalten. Aus dieser Erkenntnis geben Sie Ihren »Anspruch auf Vergeltung« auf, weil es einen solchen Anspruch niemals geben kann.

Es gibt einen einfachen Weg, festzustellen, ob Sie etwas wirklich verziehen haben. Wenn Sie sich den Vorfall in allen Einzelheiten vorstellen können, ohne ein Gefühl des Ärgers oder des Nichteinverstandenseins auszulösen, sondern mit dem anderen dabei in Harmonie bleiben, dann haben Sie wirklich verziehen. Vor allem, wenn Sie ihm in diesem Bewusstsein Ihr Wohlwollen und Ihre Liebe schicken können.

An viele solche Verurteilungen erinnern wir uns später gar nicht mehr, aber sie sind energetisch noch immer vorhanden und wirksam. Deshalb ist es sinnvoll, eine »Blanko-Vergebung« zu machen. Das bedeutet, sich bewusst zu machen, dass Verzeihen nur dort möglich ist, wo man zuvor verurteilt hat, und alle seine Urteile wieder aufzuheben, etwa mit den Worten: »Wo immer ich jemanden für sein Tun verurteilt habe, hebe ich mein Urteil hiermit auf und entschuldige mich bei dem anderen, dass ich ihn dafür verurteilt habe, weil ich es bisher nicht besser wusste. Nun aber, wo ich es besser weiß, entlasse ich den anderen ganz bewusst aus meinem Vorwurf und meinem Urteil und schicke ihm mein Wohlwollen und meine Liebe und bitte ihn, auch mir meine Unwissenheit und mein Verhalten zu verzeihen, so auch er mich verurteilt haben sollte.«

Das machen Sie so lange, bis ein Gefühl der Freude und Dankbarkeit in Ihnen aufkommt. Dann wissen Sie, dass gegenseitige Vergebung erfolgt ist.

Am besten ist es, jeden Tag in einer »Tagesrückschau« am Abend die Urteile, die Sie tagsüber gefällt haben, aufzuheben und den oder die anderen so lange um Verzeihung zu bitten, bis sich das Gefühl der Freude und Dankbarkeit einstellt. Es wird Sie immer wieder überraschen, welche Veränderung ein solches Verzeihen unmittelbar bringt. Sie spüren förmlich die Erleichterung und die harmonische Energie, die entsteht. Allein dadurch vermeiden Sie viele unnötige Krankheiten und verlängern Ihr Leben um viele lebenswerte Jahre.

Jungbrunnen Bewusstsein

Der entscheidende Faktor, um bis ins hohe Alter jung zu bleiben, ist Bewusstsein. Denn Bewusstsein wird nicht älter und kann nicht krank werden – Bewusstsein *ist!* Aber es genügt nicht, Bewusstsein zu haben, sondern man muss als Bewusstsein leben, atmen, denken, fühlen, reden und handeln, seinen Körper als Bewusstsein bewohnen und mit Bewusstsein erfüllen. Denn nur was *jetzt* ist, wirkt.

Zu erkennen, dass Sie nicht Ihr Körper sind, auch nicht Ihr Verstand oder Ihre Persönlichkeit, sondern, wie die Sprache schon zeigt, dass Sie der Besitzer sind, der diesen Körper bewohnt, der den Verstand benutzt, sich durch diese Persönlichkeit zum Ausdruck bringt und als diese Persönlichkeit in Erscheinung tritt. Aber Sie sind Bewusstsein, Sie sind der, der sich dessen bewusst ist. Als Bewusstsein *können* Sie nicht krank werden, Bewusstsein ist immer vollkommen gesund. Sobald Sie als dieses vollkommen gesunde Bewusstsein Ihren Körper bewohnen und mit diesem Bewusstsein erfüllen, beginnt Ihr Körper zu heilen und spiegelt das als vollkommene Gesundheit wider, denn der Körper ist ein Spiegelbild Ihres Bewusstseins. Sie sollten daher alle Identifikationen als solche erkennen und auflösen, sich Ihrer wahren Identität bewusst werden, Ihren Körper als Gesunder bewohnen und durch dieses »heile« Bewusstsein ständig in Ihrem Körper Heilung »geschehen lassen«.

Ein wichtiger Schritt auf diesem Weg ist die bewusste Wiedervereinigung mit der einen Kraft des ICH BIN. Das heißt, das Leben im Ein-Klang mit allem Sein in der Vollkommenheit des Wahren Seins zu führen. Es heißt auch, »alterslos« zu leben, denn Bewusstsein ist ohne Alter. Sie sind weder geboren worden, noch können Sie sterben – Sie SIND. Selbstvergessenheit ist die Mutter aller Krankheiten. Der Weg der endgültigen Heilung ist, »zu Bewusstsein zu kommen« und Heilung ständig geschehen zu lassen. Das ist der innere Jungbrunnen und das Geheimnis vollkommener Gesundheit. Schaffen Sie sich den Körper, den Sie sich wünschen, durch die bewusste Wahl Ihrer Überzeugungen und Ihres Selbstbildes. Nutzen Sie das Werkzeug der Imagination, um den »inneren Bauplan« zu verändern und zu optimieren. Nehmen Sie Ihren neuen Körper durch Identifikation »in Besitz«, treten Sie ein in Ihren neuen Körper und leben Sie ständig mit diesem neuen Körper. Verbinden Sie diesen neuen Körper mit Ihrem zeitlosen SEIN und leben Sie bewusst als dieses alterslose, zeitlose SEIN in Ihrem idealen Körper. Lieben Sie sich, Ihren neuen Körper, die anderen, das Leben. Lieben Sie sich heil, gesund und glücklich.

Das »Werkzeug« Körper gestalten

Der Körper ist ein Teil der selbst geschaffenen Realität und braucht einen ständigen Energiezufluss, der ihn erhält. Form, Gesundheitszustand und Entwicklung werden durch die verschiedenen Überzeugungen des Bewusstseins geprägt und können dort – und nur dort – jederzeit geändert werden. Um gesund zu sein, braucht der Körper liebevolle Aufmerksamkeit, in erster Linie durch das Bewusstsein. Aus den verschiedenen Überzeugungen entsteht im Bewusstsein das Selbstbild. Zu diesem Selbstbild gehören meist auch übernommene Überzeugungen wie »Mit zunehmendem Alter ist Krankheit unvermeidlich« oder Ähnliches. Die Leistungsfähigkeit des Körpers lässt aber nur allmählich nach, wenn er nicht seine wahre Identität lebt als vollkommene Schöpfung des Bewusstseins. Kann der Körper durch begrenzende Überzeugungen seine volle Leistungsfähigkeit nicht mehr erbringen oder wird er dadurch krank, muss diese so geschaffene Kreation durch Erleben aufgelöst werden. Entwickeln wir stattdessen Widerstand gegen das Kranksein, zieht das die Aufmerksamkeit an, und die Schöpfung »Krankheit« wird verstärkt. Das geschieht so lange, bis wir bereit sind, die eigene Schöpfung Krankheit zuzulassen und durch Erleben aufzulösen. Indem wir die eigene Schöpfung erleben, löst sie sich wieder auf. Das bedeutet, in die Krankheit hineinzugehen, sich damit zu identifizieren, sie zuzulassen und zu erleben. Dann *muss* sie sich auflösen.

Machen Sie sich bewusst: Krankheit selbst *ist* der Heiler. Sie brauchen nur diesen Heiler Krankheit bewusst und dankbar zu fühlen und zu erleben, und Heilung geschieht ganz von selbst. Sie können Ihrem Körper dabei helfen, indem Sie sich die verschiedenen Überzeugungen bewusst machen, aus denen Ihr Körperbild besteht, und sie nacheinander auflösen. Das sind alte Überzeugungen, oft von anderen übernommen, oder eigene Erfahrungen, Meinungen und Gedanken. Meistens verbinden wir diese Meinungen auch mit einer Erfahrung der Vergangenheit, um sie existent zu halten.

Sie selbst sind der Schöpfer Ihres Körpers. Versuchen Sie es einmal mit folgender Übung: Imaginieren Sie einen Spiegel und »sehen« Sie sich in diesem Spiegel jung, gesund und voller Lebensfreude. Das ist Ihr Energiekörper, der immer gesund bleibt. Treten Sie in diesen, Ihren jungen Körper ein, indem Sie als dieser ewige Körper atmen, sich bewegen, denken, fühlen, reden und handeln. Bleiben Sie in diesem vollkommenen Körper und leben Sie in ihm. Der Körper befreit sich ganz von selbst von »Alterskrankheiten«, weil er kein Alter mehr hat.

Wohlstand als Weg zu einem gesunden und langen Leben

Kaum jemandem ist bewusst, dass Wohlstand ein wichtiger Gesundheitsfaktor ist und das Leben deutlich verlängert, denn Wohlstand mindert die Sorgen und macht Freude. Im Wohlstand lebt man nicht nur länger, man hat auch viel mehr Spaß am Leben. Es ist nicht wirklich erfüllend, wenn wir lange leben, dabei gesund und vital sind und kein Geld haben. Erst wenn wir ein langes und gesundes Leben in Wohlstand genießen können, ist es wirklich erfüllend. Es ist ein faszinierender Teil im »Abenteuer Leben«, wirklichen Wohlstand zu erleben, frei zu sein und sich alles, wirklich *alles* leisten zu können. Erst Gesundheit *und* Wohlstand ermöglichen es uns, wirklich schöpfungsgerecht zu leben.

Alles in diesem Universum unterliegt einer Gesetzmäßigkeit. Auch der Wohlstand gehorcht den ewigen Gesetzen des Erfolgs. Wenn Sie die richtigen Ursachen setzen, muss das Leben die entsprechenden Wirkungen manifestieren.

Der erste Schritt ist, die Einstellung zu Geld zu optimieren, denn Ihre Einstellung arbeitet wie ein Magnet: Entweder ziehen Sie Geld mühelos an, oder Sie stoßen es ab und verhindern so zuverlässig Ihren Wohlstand. Machen Sie sich bewusst, dass es nicht schöpfungsgerecht sein kann, arm zu sein und im Mangel zu leben. Wenn Sie nicht genug Geld haben, müssen Sie sich dauernd darum kümmern, und es bekommt eine Wichtigkeit, die es nicht verdient. Wenn Sie aber Geld haben, dann arbeitet es Tag und Nacht für Sie und mehrt ständig Ihren Wohlstand.

Die Grenze zwischen arm und reich ist ein einziger Euro. Wenn Sie einen Euro mehr einnehmen, als Sie ausgeben, sind Sie bereits auf dem Weg zum Wohlstand. Je mehr Sie verdienen, desto schneller wird Ihr Wohlstand sichtbar. Schaffen Sie sich ein interessantes Zusatzeinkommen und investieren Sie dieses zusätzliche Einkommen in Ihre Zukunft.

Leben Sie als Gewinner. Das heißt, ziehen Sie Ihre Aufmerksamkeit ab von Problemen und Schwierigkeiten, und halten Sie sie gerichtet auf Lösungen und Chancen. Machen Sie sich Gewinnen zur Gewohnheit, indem Sie immer wieder in der Imagination Situationen Ihres Lebens erleben und zu einem erwünschten Endergebnis führen. Damit geben Sie dem Leben eine klare Form des erwünschten Endzustandes. Und wenn Sie sich dann immer wieder vorstellen, bereits am Ziel zu sein, es erreicht zu haben, können Sie Ihren Erfolg nicht mehr vermeiden. Alles ist jederzeit möglich, vorausgesetzt, dass Sie es sich vorstellen und daran glauben können.

Optimieren Sie immer wieder Ihre Überzeugungen, denn noch immer gilt das Gesetz: »Einem jeden geschieht nach seinem Glauben.« Machen Sie durch schöpferische Imagination aus einer Möglichkeit der Zukunft erlebte Realität der Gegenwart und nehmen Sie so den erwünschten Endzustand geistig in Besitz. Was Sie so in Besitz genommen haben, *kann* Ihnen das Leben nicht mehr verweigern. Zum wahren Wohlstand gehört auch, Lebenskünstler zu sein, denn das Leben meistert man entweder spielend oder überhaupt nicht. Fangen Sie noch heute an, wirklich »märchenhaft« zu leben. Zelebrieren Sie Ihr Leben und praktizieren Sie die »Kunst des Genießens«.

Ein anderes Lebenselixier, das selten als solches erkannt wird, ist der persönliche Erfolg. Erfolg macht nicht nur viel mehr Freude, er verlängert auch, wissenschaftlich erwiesen, deutlich das Leben.

Der Schlüssel zum Erfolg liegt nicht in noch mehr Arbeit, sondern eher darin, dass Sie sich ausreichend Zeit für Muße nehmen, denn Muße ist ein nicht zu unterschätzender Erfolgsfaktor. Oft haben Sie gerade in Zeiten der Muße die besten Einfälle. Wenn Sie ständig arbeiten, haben Sie keine Zeit mehr, wirklich Geld zu verdienen.

Erfolgreich sein heißt auch, Zeit zu haben für seine Gesundheit, zu genießen und wirklich zu leben.

Ein wichtiger Schritt zum inneren Wohlstand ist, seinen Rhythmus zu finden und danach zu leben. Sind Sie ein Morgenmuffel, dann zwingen Sie sich nicht ständig, um sechs Uhr aufzustehen und schon vor dem Frühstück einen Waldlauf zu machen, auch wenn das gesund wäre. Je mehr Sie sich zwingen, gegen Ihre Natur anzukämpfen, desto weniger Energie bleibt für die eigentlichen Aufgaben. Wenn Sie stimmen, weil Sie nach Ihrem eigenen Rhythmus leben, dann stimmt auch Ihr Leben. Und wenn ein Einfall kommt, dann folgen Sie ihm, nutzen Sie die Chancen, die das Leben laufend bietet. So leben Sie immer mehr wirklich *Ihr* Leben. Dazu gehört auch, für alles den richtigen Partner zu finden und vor allem selbst ein idealer Partner zu sein. Der Lebenspartner spielt eine entscheidende Rolle für Ihre Gesundheit, Ihren Erfolg und Wohlstand. Wenn Sie sich privat falsch entschieden haben, werden Sie auch geschäftlich nicht wirklich erfolgreich sein und können gar nicht vollkommen gesund sein. Es würde Ihnen allerdings nichts nützen, dem idealen Partner zu begegnen, solange Sie selbst nicht ein idealer Partner sind, denn Sie würden nicht zueinander passen. Alles hat seine Zeit und seinen eigenen Rhythmus, und nur wenn Sie ihm folgen, sind Sie wirklich »im Fluss«, im Ein-Klang mit dem Leben.

Einverstanden sein mit sich selbst, Harmonie und geistige Gesundheit sind die Voraussetzungen für körperliche Gesundheit und ein langes Leben. Dazu gehört vor allem der Glaube an sich selbst. Wer glaubt, er kann, der kann. Wer an sich glaubt, an seinen Erfolg, seine Gesundheit und sein langes Leben, der wird es auch genau so erleben. Setzen Sie sich nie zur Ruhe, denn in dem Augenblick beginnen Sie wirklich zu altern. Zum Jungbleiben gehört, das Leben als ständig neues Abenteuer zu erleben und sich immer wieder neuen Herausforderungen zu stellen. Das erhielt schon Goethe, Picasso und Einstein jung.

Wie Sie alles bekommen, was Sie wollen

Am Anfang ist immer ein Gedanke. Ganz gleich, was Sie sich wünschen, es beginnt immer mit einem Gedanken. Und jeder Gedanke ist eine Ursache und kehrt als Ereignis zu seinem Ursprung zurück. Ganz gleich, ob er bewusst oder unbewusst ausgesandt wurde und ob seine Wirkung erwünscht oder unerwünscht ist, er bringt ein entsprechendes Ereignis hervor. Das, was wir Schicksal nennen, Glück, Pech oder Zufall, ist nichts anderes als die Summe der durch unsere Gedanken hervorgerufenen Ereignisse.

Realität entsteht durch zielgerichtete Energie. Gedanken, Ihre Ausstrahlung, Gefühle, Vorstellungen und Überzeugungen sind wirklichkeitschaffende, zielgerichtete Energien. Ihre Gedanken und die daraus resultierenden Handlungen bestimmen den größten Teil Ihres Lebens. Ein negativer Gedanke kann natürlich nur ein negatives Ereignis verursachen, ebenso zuverlässig, wie ein positiver Gedanke ein positives Ereignis verursacht. Daher ist *wahres* positives Denken ein wichtiger zukunftsbestimmender Faktor.

Ihre Überzeugungen und die damit verbundene Ausstrahlung schaffen nicht nur Realität, sie verhindern auch eine bestimmte Realität. Ihr jetziger Standpunkt schafft Ihre Realität von morgen und verstärkt damit Ihren derzeitigen Standpunkt. *Jede* Realität kehrt so lange zu ihrem Schöpfer zurück, bis er sie durch Umerleben auflöst. In dem Maße, wie Sie nicht bewusst mit Ihren Überzeugungen und der dadurch verursachten Ausstrahlung umgehen, bestimmen Ihre unbewussten Überzeugungen Ihre Zukunft und entzieht sich die Realität Ihrer Kontrolle.

Jede Situation in der äußeren Realität spiegelt immer nur Ihre innere Wirklichkeit wider. Wenn Sie mit dem nicht einverstanden sind, was außen als Wirkung »in Erscheinung« tritt, sollten Sie diese innere Wirklichkeit ändern, damit eine andere Wirkung in Erscheinung treten kann. Es ist nicht sinnvoll, sich darüber zu ärgern oder darunter zu leiden, denn *Sie* haben ja die Macht, dies zu ändern. Die äußere Realität ist nur ein Spiegelbild Ihres Bewusstseins, aber der Spiegel kann nichts für das, was immer sich in ihm spiegelt.

Sobald Sie die äußere Realität als Ihre eigene Schöpfung erkennen, haben Sie die Macht, sie wieder zu ändern, aber auch die Verantwortung, das, was nicht stimmt, umzuwandeln in das, was sein *soll*. Die eigentliche Realität ist also nicht die Materie, sondern Energie, die durch unterschiedliche Schwingungen entsprechende Formen im Außen »in Erscheinung« treten lässt.

Der Ursprung der Realität aber ist der Geist, der die Realität »denkt«. Unsere Gedanken sind Energien, die durch ihre Schwingung die Ereignisse im Außen erst schaffen oder jederzeit verändern können. Gedanken sind also nicht etwas, das sich nur in unserem Kopf abspielt, sondern die Schöpfung entsteht »in unserem Kopf«.

Da jeder Gedanke ein Energiepotenzial ist, hat jeder Gedanke die Tendenz, sich zu verwirklichen. Je größer dabei das Energiepotenzial Ihrer Gedanken ist, desto machtvoller werden sie sich auch gegen äußeren Widerstand durchsetzen. Was immer Sie denken oder jemals gedacht haben, nichts geht verloren, und alles kommt zu Ihnen als Ereignis, Situation oder Umstand zurück. So gibt es auch keine Ungerechtigkeit, denn es kann nur das auf Sie zurückkommen, was Sie zuvor bewusst oder meist unbewusst ausgesandt haben. *Sie* sind der Urheber für jeden Zufall, der Ihnen begegnet.

Realität ist daher jederzeit durch den Geist frei zu bestimmen. Es gibt unendlich viele Möglichkeiten, viele »Filme«, aber nur einen Videorecorder. Sie müssen sich daher entscheiden, *was* Sie »in Erscheinung« treten lassen wollen, und das sollten Sie *bewusst* tun. Wir können also sagen, Wirklichkeit entsteht durch zielgerichtete Energie und Gedanken *sind* wirklichkeitschaffende, zielgerichtete Energien. Schöpfung geschieht also in jedem Augenblick.

Jeder Mensch verfügt sowohl über begrenzte als auch unbegrenzte Intelligenz, und es ist seine Entscheidung, von welcher er Gebrauch macht, von seinem begrenzten und damit begrenzenden Intellekt oder seiner potenziell unbegrenzten universellen Intelligenz. Verständlich, dass wir mit dem begrenzten Denken nicht die Aufgaben des unbegrenzten Lebens lösen können. Entwickeln Sie deshalb die Fähigkeit, Lebensprozesse und Umstände aktiv zu steuern, also in eine gewünschte Richtung zu lenken, um ein beabsichtigtes Ergebnis zu erzielen.

Was immer Sie verwirklichen wollen – Gesundheit, Vitalität, Lebensfreude, die Veränderung einer Situation, die Heilung einer Beziehung –, halten Sie Ihr Bewusstsein für *mindestens* ein bis zwei Stunden darauf gerichtet und erleben Sie, wie das Leben im gleichen Augenblick beginnt, das zu verwirklichen, worauf Sie Ihr Bewusstsein gerichtet halten.

Sie wenden diese Technik unbewusst längst erfolgreich an, nur eben negativ. Indem Sie die Richtung Ihres Bewusstseins ändern, ändert sich Ihr ganzes Leben.

Jungbrunnen Bewegung – Durch körperliche Betätigung alterslos leben

Früher musste der Mensch sich bewegen, um nicht zu verhungern. Heute gehen wir oft nur noch vom Kühlschrank zur Couch. Wenn Sie ein hohes Alter erreichen wollen, *müssen* Sie sich ausreichend bewegen. Der Körper ist ein Bewegungsapparat, und alle lebensnotwendigen Vorgänge im Körper sind nur möglich, wenn genügend Sauerstoff zur Verfügung steht. Dazu braucht der Körper Bewegung, aber in Maßen. Regelmäßige Spaziergänge, Radfahren, Schwimmen und für mich besonders das Trampolin-Schwingen sind optimale Sportarten.

Der Körper ist geschaffen, um in Bewegung zu bleiben. Sobald Sie sich auch nur einen Tag nicht bewegen, beginnt bereits ein Abbauprozess. Jeder Muskel braucht am Tag mindestens 200 Bewegungsreize, um fit zu bleiben, und mindestens 300, um sich aufbauen zu können. Auch der »natürliche Muskelschwund« ab 50 ist alles andere als natürlich, denn die Muskeln wachsen auch noch mit 70 und können bis ins hohe Alter trainiert werden.

Der wichtigste Muskel, den Sie dabei trainieren, ist Ihr Herz, denn es muss *täglich* 11 000 Liter Blut pumpen, und das Tag für Tag – bis zu 120 Jahre lang. Alle Muskeln Ihres

Körpers danken Ihnen regelmäßige Bewegung mit jugendlichem Aussehen, einer straffen, schlanken Figur, mit starken Knochen, einem optimalen Immunsystem, einem kräftigen Herz, einer maximalen Leistungsfähigkeit und einem wachen Geist bis ins hohe Alter.

Genügend Bewegung erhält dem Körper die normale Glucose-Toleranz und schützt vor degenerativen Veränderungen des Insulin-Stoffwechsels. Ausreichende Bewegung stärkt das Immunsystem und schützt vor Krankheit.

Außerdem kann Körperfett nur im bewegten Muskel verbrannt werden. Solange Sie in Bewegung bleiben, wird Fett verbraucht und nicht Muskeln. Das gilt besonders für das Krafttraining mit Gewichten, das bis ins hohe Alter hilfreich ist.

Finden Sie Ihren ganz besonderen Rhythmus. Das größte Gesundheitsgeheimnis ist Regelmäßigkeit. Einmal in der Woche zwei Stunden Tennis oder Squash zu spielen und sonst nur zu sitzen schadet eher. *Gehen* ist ein wichtiger Gesundheitsfaktor, vor allem Treppen, rauf oder runter. Auch die richtige Haltung, vor allem beim Sitzen, aber auch gegenüber dem Leben, ist ausschlaggebend. Eine schlechte Haltung ist nicht nur verantwortlich für Kopf- und Muskelschmerzen, sie mindert auch deutlich die eigene Leistungsfähigkeit und Lebensfreude. Finden Sie die richtige »Lebenshaltung«. Schaffen Sie sich eine eigene Lebensphilosophie und genießen Sie das Leben – jeden einzelnen Augenblick. Machen Sie es sich leicht im Leben, indem Sie kein unnötiges Gewicht mit sich herumschleppen. Ihr Körpergewicht wird nicht durch die Gene bestimmt, sondern durch das, was Sie essen und tun oder unterlassen. Wandeln Sie Ihr Fett um in Muskeln und bewahren Sie sich Ihre Beweglichkeit bis ins hohe Alter. Dabei ist das richtige Atmen besonders wichtig, denn Sauerstoff bedeutet Leben. Sauerstoff ist aber auch wichtig für die Entsäuerung des Körpers. Wenn wir nicht mehr atmen, sterben wir an Übersäuerung durch zu viel Kohlendioxid. Alle Lebensvorgänge sind abhängig vom Sauerstoff.

Zum New-Aging gehört unverzichtbar auch ein altersgerechtes Bewegungsprogramm.

Die »Gemeinschaft der Hundertjährigen« nutzt ein zuverlässig wirkendes Lebenselixier. Es hat folgende Wirkungen: Es fördert die Leistung und erhöht die Konzentration, vertreibt die Müdigkeit und bringt ständig frische Energie. Es macht optimistisch und gut gelaunt und bringt einen erholsamen Schlaf. Es bringt ein gesundes Gewicht und schenkt uns eine Traumfigur. Es kräftigt die Muskeln, die die Wirbelsäule so besser stützen. Es aktiviert den Kreislauf und verbessert unsere Reflexe. Es beschleunigt auf natürliche Weise den Stoffwechsel, so dass mehr Kalorien verbrannt werden, die Stoffwechselschlacken werden besser ausgeschieden und der Körper schafft sich eine größere Energiereserve. Gleichzeitig verbessert es deutlich unsere Fähigkeit, zu entspannen und kräftigt nicht nur unseren Bewegungsapparat, sondern auch unsere Organe. Es verringert deutlich das Krankheitsrisiko, verlangsamt den Alterungsprozess und verlängert das Leben. Es hat auch einen Namen: regelmäßige körperliche Aktivität!

Bewegung ist die halbe Jugend

Viele Menschen sagen, sie hätten nicht genug Zeit, zu trainieren. Aber das Gegenteil ist eigentlich der Fall – mangelnde Bewegung raubt Ihnen Zeit, und zwar wertvolle Lebenszeit. Regelmäßiges Training schenkt Ihnen Energie und sorgt dafür, dass Sie keine Zeit mehr durch Kranksein verlieren. Bewegung verlangsamt auch das Altern der Zellen und hält Sie länger jung. Sie können Ihre Lebensuhr durch regelmäßigen Sport im aeroben Bereich wieder zurückdrehen und biologisch jünger werden.

Es gibt keine Maßnahme und kein Medikament, das die gleiche verjüngende Wirkung hat wie Bewegung – und diese ist noch dazu kostenlos und ohne Nebenwirkungen. Es gilt inzwischen als erwiesen, dass fast jede Erkrankung durch regelmäßiges Training vermieden oder günstig beeinflusst werden kann. Denn die äußere Bewegung schafft die innere Bewegung – die Voraussetzung für ein gesundes und langes Leben.

Keinen Sport zu machen ist falsch, zu viel Sport ist falscher, Leistungssport oder Extremsport das Falscheste überhaupt, wenn Sie gesund bleiben und lange leben wollen. Anstrengung ist absolut verboten, was zählt, ist Ausdauer. Ideal ist der Weg der »subjektiven Unterforderung«. Beginnen Sie notfalls mit einer Minute, wenn Sie nicht trainiert sind, und steigern Sie die Zeit täglich um eine Minute bis auf 30 Minuten an vier Tagen der Woche.

Intensive Sonnenbestrahlung beim Sport ist extrem gefährlich und unbedingt zu vermeiden. Ganz schlimm wäre es, danach eine Zigarette zu rauchen und/oder Alkohol zu trinken. Dadurch wird das Abwehrsystem des Körpers gegen freie Radikale mit Sicherheit überfordert, und Dauerschäden sind unvermeidbar. Die Kombination von Sport, Sonne, Nikotin und Alkohol ist eine für den Körper tödliche Kombination.

Gleichmäßige Ausdauerbelastung, bei der Sie nie in Atemnot kommen, setzt Beta-Endorphine frei. Das ist ein körpereigenes Morphium, das für seelisches und körperliches Wohlbefinden sorgt. Außerdem fördert regelmäßige Ausdauerbewegung die Produktion körpereigener Glückshormone, der Endorphine, so dass schlechte Laune und sogar Depressionen verschwinden. Sie kommen dabei langsam ins Schwitzen, wodurch das Immunsystem gestärkt wird und Schlacken vermehrt ausgeschieden werden können. Wichtig ist, dass der Körper dabei nicht »sauer« wird. Das bedeutet, dass die Bewegung darauf abgestimmt sein sollte, was der Körper derzeit ohne Erschöpfung leisten kann. Wenn Sie dabei »außer Atem« kommen, haben Sie etwas falsch gemacht. Denn dann sind Sie bereits im anaeroben Bereich angekommen, die Übersäuerung der Muskelzellen hat begonnen und kann während des Trainings nicht mehr abgebaut werden. Wird der Körper jedoch länger und vor allem im aeroben Bereich bewegt, erfolgt eine Anpassung an die geforderte Leistung: Herz und Kreislauf passen sich der Muskelaktivität an. Das geschieht jedoch erst nach vier bis fünf Minuten. In dieser Zeit sollten Sie sich bewusst unterfordern, das heißt, sich so bewegen, dass Sie dabei mühelos sprechen können.

Erst nach fünf Minuten beginnt die eigentliche Trainings-
phase, in der Sie Ihre Leistung nach und nach steigern
können.

Wenn Sie untrainiert sind, beginnen Sie mit *einer* Minute Bewegung am Tag und steigern sich von Tag zu Tag um
eine weitere Minute. So sind Sie nach nur einem Monat
ganz ohne übermäßige Anstrengung bei 30 Minuten.

Wenn Sie regelmäßig im aeroben Bereich trainieren,
verbrennt der Körper Fett und baut Muskeln auf. Dabei
wird das Fett erheblich leichter aufgelöst, wenn der Körper
keine Kohlehydrate im Blut hat. Sie sollten daher möglichst nüchtern trainieren, das heißt nicht zu viel essen,
bevor Sie sich bewegen.

Die richtige Sportart

Trampolin-Schwingen

Eine NASA-Studie zeigte bereits 1980, dass Trampolin-
Schwingen drei Mal so effektiv ist wie Joggen. Der entscheidende Bestandteil eines jeden Trainings ist das Überwinden der Schwerkraft. Beim Trampolin-Schwingen wird
der Körper zweimal pro Sekunde abgebremst und wieder
beschleunigt. Dadurch wechselt die Schwerkraft ständig,
weil wir beim Abfangen für eine halbe Sekunde etwa dop-
pelte Schwerkraft spüren, während wir am Höhepunkt des
Schwingens für einen Augenblick schwerelos sind. Diese
wechselnden Druckunterschiede sind wie ein »Hanteltrai-

ning« für jede einzelne Zelle – nur viel angenehmer und gründlicher. Durch Trampolin-Schwingen trainieren Sie *alle* Muskeln des Körpers, außerdem das Bindegewebe und die Organe. Der Körper passt sich der erhöhten Schwerkraft an und entwickelt mehr Muskeln. Durch den Druckwechsel entsteht eine intensive Zellmassage, die den Zellstoffwechsel anregt und die Zellentschlackung fördert. Außerdem werden dadurch die Zellwände gestärkt, weshalb Sie zusätzlich auf eine ausreichende Zufuhr von Eiweiß und Calcium achten sollten.

Sind die einzelnen Zellen stärker, werden es natürlich auch die Knochen, Organe und Muskeln. Starke Zellen sind weniger krankheitsanfällig und bleiben länger jung. Das ist nicht zuletzt darauf zurückzuführen, dass das Trampolin-Schwingen wie eine starke Lymphdrainage wirkt und das Immunsystem stärkt. Das Lymphsystem hat keine eigene Pumpe und ist daher auf Bewegung angewiesen. Und das gestärkte Immunsystem sorgt dafür, dass Sie erst gar nicht mehr krank werden. Auch die Darmmuskulatur wird durch diese Art von Training verbessert und die Verdauungsleistung gesteigert.

Der erhöhte Zellstoffwechsel verbraucht mehr Energie, wodurch auch angelagertes Fett verbrannt wird. Das führt zu einer ständigen Gewichtsreduktion, so dass Sie keine zusätzliche Diät mehr benötigen, wenn Sie auf gesunde Ernährung achten.

Nach nur zehn Minuten Trampolin-Training täglich ist der Herzkreislauf aktiv und das lymphatische System angeregt. Jede Zelle bekommt eine größere Menge Sauerstoff und hat sich von Stoffwechselschlacken befreit. Das alles macht sich bemerkbar als ein Wohlgefühl, das den ganzen Körper erfüllt. Wenn Sie Gewicht verlieren wollen, sollten Sie dreimal täglich 15 Minuten auf dem Trampolin trainieren und in dieser Zeit Fett, Zucker und Salz weitgehend vermeiden. Da das Trampolin-Schwingen bei jedem Wetter durchführbar ist und nicht viel Zeit braucht, haben Sie keine Ausrede mehr, sich davor zu drücken. Außerdem spricht noch ein weiteres Argument dafür: es macht einfach großen Spaß!

Trampolin-Schwingen stärkt zudem die Knorpel der Gelenke, ohne sie zu belasten, und vermehrt die collagenhaltigen Fasern, die einen Schutz der Gelenke bewirken. Beschwerden, die schon jahrelang im Bereich der Gelenke bestehen, können allmählich wieder verschwinden. Auch Osteoporose wird durch diese Sportart deutlich verbessert, weil die Knochenstärke durch den Druckwechsel erhöht wird. Außerdem profitieren auch Ihre Bandscheiben von dieser Bewegungsart. Durch die einzigartige Massage aller Zellen ist das Trampolin-Schwingen die einzige mir bekannte Sportart, die wirklich den *ganzen* Körper umfassend trainiert. Selbst zur Regeneration und als Aufbautraining nach einer Operation, einem Herzinfarkt oder einer Verletzung ist das Trampolin-Schwingen bestens geeignet. Es verkürzt die Regenerationszeiten und verbessert die Kondition. Dadurch fällt es auch leichter, sich zu entspannen und ruhig zu schlafen.

Vor allem kann man Trampolin-Schwingen in *jedem* Alter betreiben, auch bei Übergewicht und sogar, wenn die gesundheitliche Situation sonst jede Bewegung verhindert. Trampolin-Schwingen macht Sie jung und vital und lässt jede Fastenkur überflüssig werden.

Vibrogymnastik

Eine interessante Bewegungsvariante ist die Vibrogymnastik. Stellen Sie sich dabei auf die Zehenspitzen und lassen Sie sich kräftig auf die Fersen fallen. Wiederholen Sie das etwa 30 Sekunden lang und mehrmals am Tag. Auch hier wird wie beim Trampolin-Schwingen durch Vibration ein heilsamer Effekt erzielt. Denn eine der Hauptursachen des Alterns ist die Ablagerung von Stoffwechselschlacken, die durch die Vibration gelöst und ausgeschieden werden. Wenn Sie sich regelmäßig, am besten täglich, die heilsame Vibration durch Trampolin-Schwingen und/oder Vibrogymnastik gönnen, spüren Sie schon bald die segensreiche Wirkung und bleiben deutlich länger jung!

Walken

Walken ist eine ideale Bewegungsart. Früher hätte man zu Walken »schnell gehen, um den Zug noch zu erreichen« gesagt. Diese Bewegungsart können Sie wirklich *überall* praktizieren. Mit zunehmender Fitness wird Ihnen das auch immer mehr Freude machen, und Sie werden sich automatisch schneller bewegen. Walking im aeroben Bereich vereint sämtliche Vorteile von Joggen, Radfahren, Schwimmen und Aerobic in sich, birgt aber kaum das Risiko von Verletzungen. Aerobes Gehen ist eine ideale Methode zur Gewichtskontrolle und Gewichtsreduzierung. Es kann in jedem Alter praktiziert werden, und alles, was Sie dazu brauchen, haben Sie immer bei sich. Walking beugt Herz-Kreislauf-Erkrankungen vor, senkt hohen Blutdruck und fördert einen gesunden Schlaf. Es ist zudem ein sofort wirksames Mittel gegen Stress, Anspannung und Depression und verbessert zudem die Körperhaltung. Mit einem Wort: Walking ist die ideale Bewegungsform.

Tanzen

Tanzen ist eine ideale Bewegung für den Körper. Dabei hören Sie gute Musik, bewegen sich im Rhythmus, ohne sich anzustrengen, und halten einen lieben Menschen im Arm. Nicht zu vergessen, stärken Sie dabei auf angenehme Weise Ihr Knochensystem, das eine regelmäßige, aber nicht zu starke Belastung braucht, weil es sonst den Gelenken schadet. Gelenkschmerzen können auch durch einen Östrogenmangel bedingt sein, wodurch Entzündungsproteine in der Gelenkflüssigkeit ansteigen, die vom Östrogen unterdrückt werden. Hier kann eine Östrogensalbe Abhilfe schaffen. Handelt es sich jedoch um eine Arthrose, dann helfen Glucosamin und Chondroitinsulfat, enthalten im Haifischknorpel. Damit haben Sie in dieser Kombination ein einfaches und sicheres Mittel in der Hand, die Wiederherstellung eines geschädigten Gelenkes zu fördern. Gleichzeitig beugen Sie damit auch noch dem Übergreifen der Erkrankung auf Ihre gesunden Gelenke vor.

Weitere Sportarten

Es gibt mit Sicherheit für jeden die richtige Sportart, Sie müssen nur die finden, die zu Ihnen passt. Dann wird es Ihnen Spaß machen, sich zu bewegen und fit zu werden.

Radfahren ist ein wunderbares Training, weil Sie dabei an der frischen Luft und in der Natur sind. Es macht Freude, bei herrlichem Wetter durch eine schöne Landschaft zu radeln und das Leben zu genießen. Machen Sie doch einmal einen Radurlaub mit Freunden!

Räkeln, heute **Stretching** genannt, wird extrem unterschätzt und vernachlässigt. Sie sollten jeden Tag mit ausgiebigem Räkeln beginnen. Sie werden sehen, dass Sie sich bald frischer und lebendiger fühlen und es Ihnen leichter fallen wird, morgens aus dem Bett zu kommen.

Golf ist noch immer ein exklusiver Sport, aber sehr zu empfehlen, denn dabei wird vor allem der Geist trainiert. Golf ist wie eine dynamische Meditation.

Laufen oder **Joggen** ist eine wichtige Anti-Aging-Strategie und ein elementarer Bestandteil eines dynamischen Lebensstils. Laufen ist eine der natürlichsten Bewegungen überhaupt, und in Kombination mit einer bewussten Ernährung wird es zur Lebensphilosophie. Alle Beschwerden, die beim Laufen auftreten können, verschwinden auch wieder – durch das Laufen. Laufen Sie sich gesund, denn Laufen ist die beste Medizin. Nicht nur das Herz, sondern auch das Gehirn wird dabei optimal durchblutet. Immer, wenn Sie sich mit Freude bewegen, trainieren Sie auch Ihre Insulinrezeptoren, die verhindern, dass Glukose als Fett gespeichert wird.

Wippen und **Schütteln** ist eine wenig bekannte, aber hochwirksame Bewegungsform. Wippen Sie ein paar Minuten auf den Fußspitzen oder hüpfen Sie leicht. Schütteln Sie dann den ganzen Körper gründlich aus. Die Arme lassen Sie dabei leicht hängen und schütteln sie in einer Drehbewegung. Schon allein diese Bewegung regt Ihren Herzkreislauf an und fördert die Durchblutung. Sie ist ganz einfach und überall durchzuführen und braucht nicht viel Zeit.

Sex ist eine sehr beliebte Bewegungsform. Dabei werden nicht nur alle wichtigen Muskeln trainiert, es macht auch noch Spaß und löst zudem Glückshormone sowie Somatotropin aus, das ein wahrer Jungbrunnen ist.

Aqua-Jogging ist sehr gelenkschonend, denn es bedeutet, sich praktisch in der Schwerelosigkeit zu bewegen. Auf jeden Fall braucht Ihr Körper regelmäßige Bewegung, solange Sie in ihm wohnen.

Lebenselixier Sauerstoff

Ohne Sauerstoff ist kein Leben möglich. Ohne Nahrung kann der Mensch ein paar Wochen leben, ohne Wasser einige Tage, aber ohne Sauerstoff nur wenige Minuten. Das zeigt nicht nur, wie wichtig Sauerstoff zum Leben ist, sondern auch, wie krankmachend und lebensverkürzend Sauerstoff*mangel* sein muss. Sauerstoffmangel beschleunigt deutlich das Altern. Nun steht Sauerstoff ausreichend zur Verfügung, also sollte das eigentlich kein Problem sein. Tatsache aber ist, dass durch falsche und zu flache Atmung die meisten Menschen an einem Sauerstoffmangel leiden, ohne es zu bemerken.

Körperzellen können ihre natürliche Lebensspanne nur dann erreichen, wenn sie ausreichend mit Sauerstoff versorgt werden. Das ist vor allem im Alter nicht mehr gesichert, weil die Vitalkapazität der Lunge mit dem Alter stark nachlässt, beim Achtzigjährigen auf etwa die Hälfte. Besonders schlimm trifft es die Gehirnzellen, die den größten Sauerstoffbedarf haben. Sie können sich nicht regenerieren. Wenn sie abgestorben sind, gibt es keinen Ersatz. Die beste Nahrung für die Zellen ist frischer Sauerstoff. Er verbessert ihre Funktion, erhöht die Widerstandskraft und verlängert deutlich ihre Lebensdauer. Das erfordert eine optimale Atmung.

Gewöhnlich atmen wir, indem wir den Brustkorb mit der Brustmuskulatur bewegen. Bei der optimalen Atmung, der Bauchatmung, hebt und senkt sich das Zwerchfell. Im entspannten Zustand kommen wir von selbst zur Bauchatmung. Alle Neugeborenen atmen ausnahmslos mit dem Bauch. Das ist offensichtlich die natürliche Art zu atmen, die wir mit der Zeit aber vergessen. Die Bewegung des Zwerchfells fördert nicht nur die Verdauung, sondern sorgt auch für die Produktion und Sekretion von Substanzen, die die Gesundheit fördern. Bei der Bauchatmung sammelt sich die Atem*energie* im Unterbauch, das heißt, sie wirkt tiefer, als die Lunge reicht. Aber sie erweitert und erhält auch die Lungenkapazität und das Lungenvolumen und verbessert deutlich die Haltung, weil sie den Körper aufrichtet.

Sie fördert zudem die Sekretion der Prostaglandine, hormonähnlicher Substanzen, die freie Radikale beseitigen, und schafft ein natürliches Wohlgefühl. Durch die Bauchatmung werden unsere Gehirnwellen vermehrt zu Alpha-Wellen, und das Gehirn sondert Endorphine ab, die vielfältig wohltuend wirken und vor allem die Selbstheilungskräfte aktivieren.

Die »Verjüngungs-Atmung«

Atmen Sie über den Energiepunkt in der Mitte der Stirn mit *jedem* Atemzug Energie, und zwar tief in den Bauch. Jedes Baby atmet ganz natürlich so, aber mit zunehmendem Alter verlernen wir diese natürliche Energieatmung und atmen nur noch Luft. Damit wird der Körper automatisch energetisch unterversorgt, anfällig für Krankheiten und altert unnötig schnell.

Besonders wirksam ist die »Bauchpuls-Atmung«. Das heißt, Sie atmen ganz langsam ein, bis sich Ihre Atmung Ihrem Herzschlag angepasst hat und Sie im Ein-Klang mit dem Rhythmus Ihres Lebens atmen. Es ist dabei nicht nötig, besonders tief zu atmen, sondern besonders lang und damit besonders energiereich. Das ist es, was uns ganz natürlich jung hält und sogar jünger werden lässt. Atmen Sie so oft wie möglich im Rhythmus des Lebens und im Ein-Klang mit dem SEIN. Dabei ist es wichtig, dass wir nur atmen, wenn der Körper das Signal zum Atmen gibt. Wir atmen meist zu früh, bevor der Körper das Signal gegeben hat. Dann aber wird der Atem nicht mit Energie aufgeladen, sondern wir füllen die Lungen nur mit Luft. Beim Energieatmen atmen wir überhaupt nicht mehr, sondern überlassen das Atmen ganz dem Körper, wir lassen es nur ganz natürlich »geschehen«.

Atmen Sie also einmal aus und warten Sie, bis der Körper an einem ganz bestimmten Punkt deutlich zeigt, dass er jetzt einatmen möchte. Atmen Sie dabei dann bewusst imaginativ Energie über den Energiepunkt in der Mitte der Stirn ein, bis hinunter in den Bauch, also deutlich tiefer, als die Lunge reicht. Sie spüren auch ganz eindeutig, dass die Atem*energie* dort unten ankommt. Dann ist der Körper wieder optimal mit Energie versorgt, heilt mit jedem Atemzug sich selbst und wird immer jünger. Außerdem wird dabei das Bewusstsein immer klarer, weil sich auch das unter dem Energiedefizit nicht entfalten konnte. Das heißt, dass sich durch dieses ständige Energieatmen auch unsere individuelle Evolution deutlich beschleunigt und wir einen Sprung in unserer geistigen Entwicklung machen. Wichtig ist, dass Sie nie mehr bewusst atmen, sondern diesen natürlichen Verjüngungsatem einfach nur geschehen lassen. Das bedeutet, ab und zu wieder in der Imagination die Aufmerksamkeit auf den Energiepunkt in der Mitte der Stirn zu richten und mit *jedem* Atemzug Energie zu atmen und dabei immer das Körpersignal für den nächsten Atemzug abzuwarten. Halten Sie aber den Atem nicht an, sondern atmen Sie einfach nicht, bis der Körper den nächsten Atemzug machen will. Der Körper atmet, indem er den Zwerchfellmuskel benutzt und ihn so ständig trainiert. Die meisten atmen aber, indem sie die Lungen mit Luft füllen, wodurch der Bauch sich vorwölbt. So wird aber das Zwerchfell nicht mehr trainiert und erschlafft. Der Atem richtet den Körper nicht mehr ganz natürlich mit jedem Atemzug auf, und die Organmassage durch das Zwerchfell unterbleibt.

Warten Sie, bis der Körper von sich aus atmen will, und lassen Sie den Atem »geschehen«, aber als Energie durch die Stirn bis tief in den Bauch fließen, und erleben Sie, wie Sie dabei immer heiler und jünger werden.

Dabei reduzieren sich die Atemzüge pro Minute ganz von selbst auf vier bis sechs, sodass sie so deutlich langsamer atmen als bisher. Das mache ich mehrmals am Tag, etwa 20 Atemzüge lang, und lasse dann die Atmung wieder frei fließen. Ganz von selbst ändert sich so Ihre Art zu atmen, so dass Sie, auch wenn Sie nicht darauf achten, deutlich weniger Atemzüge pro Minute machen und gleichmäßig atmen.

Ganz ideal ist es, wenn Sie diese 20 Atemzüge jeweils mit einer Imagination verbinden, was sie speziell bewirken sollen. Formulieren Sie dabei den erwünschten Endzustand immer in der Präsenzform, also »ich habe, ich bin, es ist«. Dazu erfüllen Sie sich mit einem tiefen Gefühl der Freude und Dankbarkeit, dass Sie den erwünschten Endzustand bereits empfangen *haben.*

Die Energie von Dankbarkeit, mit der Sie sich erfüllen, hat eine wunderbare Wirkung auf Ihr ganzes Leben, besonders wenn Sie jeden Atemzug mit der Freude und Dankbarkeit verbinden, so dass dies zu einer Grundhaltung wird und Sie letztlich jeden Augenblick in Freude und Dankbarkeit erleben.

Die wohltuende, gesunderhaltende und lebensverlängernde Wirkung dieser besonderen Atmung erleben Sie bereits nach wenigen Tagen und werden nie mehr darauf verzichten wollen.

Die Lao-Tse-Atmung oder »Der zweite Wind«

Diese Übung besteht nur aus einem einzigen Atemzug. Wie jede Atemübung beginnt sie mit dem Ausatmen. Wenn Sie vollkommen ausgeatmet haben, atmen Sie einmal ganz tief ein, mit fast geschlossenen Lippen in mindestens 30 kleinen Schüben stoßweise aus und danach wieder einmal ganz tief ein. Damit ist die Übung beendet. Eine Wiederholung bringt nicht nur keinen weiteren Vorteil, sondern hebt die Wirkung wieder auf. Diese Übung kann frühestens nach einer Stunde wiederholt werden, besser erst nach zwei Stunden.

Anfangs wird Ihre Luft nicht für 30 kleine Schübe reichen, aber mit zunehmender Übung wird Ihr Atem immer tiefer, und Sie kommen sogar auf 40 oder gar 50 kleine Schübe. Sie können sich das so vorstellen, wie wenn kleine Kinder Eisenbahn spielen und dabei »Sch – Sch – Sch…« machen. Atmen Sie aber auf den Buchstaben »F« aus, also: »F – F – F – F.«

Diese Übung bewirkt sofortige geistige Klarheit. Das ist besonders wichtig, wenn Sie vor einer Entscheidung stehen. Sehr oft werden Sie nach dieser Übung erkennen, dass es gar nichts zu entscheiden gibt, weil danach ganz klar ist, was getan werden muss. Diese Übung ist auch dann sehr hilfreich, wenn Sie in einer langen Besprechung unkonzentriert oder müde werden. Sie können diese Übung auch in der Gegenwart anderer ganz unauffällig durchführen, es wird niemand bemerken. Sie aber haben plötzlich wieder »den zweiten Wind« bekommen und sind für ein bis zwei Stunden wieder voll da.

Rundum gesund, jung und vital bleiben – die besten Tipps

Die Haut vor dem Altern schützen

Die Haut ist unser größtes Organ. Ihre Oberfläche beträgt bis zu zwei Quadratmeter, und ihr Gewicht macht etwa 20 Prozent des Körpergewichts aus. Sie ist die Grenze zwischen dem Körper und der Außenwelt und damit unser Kontaktorgan und ein Schutz gegen Krankheitserreger und Witterungseinflüsse.

Zwei große Feinde der Haut sind Alkohol und Nikotin. Raucher erkennt man an den typischen Raucherfalten. Ein weiterer Feind der Haut ist starke Sonnenbestrahlung. Bekommt die Haut dann noch zu wenig Vitamin A, verhornt sie sehr stark und wird so kaum noch durchblutet. Mit Vitamin A bräunt sie langsamer, aber sie bleibt weich und trocknet nicht aus.

Mit einem einfachen Test können Sie das biologische Alter Ihrer Haut testen. Denn unser Körper altert nicht gleichmäßig, sondern Organe und Körperteile können durchaus unterschiedlich altern. Halten Sie dazu mit einer Hand eine Hautfalte an der anderen Hand kurz fest und lassen Sie sie wieder los. Wie schnell die Hautfalte wieder verschwindet, zeigt, wie alt Ihre Haut derzeit ist.

Dauer bis zur Hautglättung	*Biologisches Alter Ihrer Haut*
Hautfalte ist sofort weg	20 Jahre
bis 2 Sekunden	30 Jahre
bis 3 Sekunden	40 Jahre
bis 4 Sekunden	50 Jahre
5 Sekunden und länger	60 Jahre und älter

Um Ihre Haut vor dem Alter zu schützen, sollten Sie auf folgende Punkte besonders achten:

- Setzen Sie Ihre Haut keiner starken Sonnenbestrahlung aus, besonders nicht in Höhenlagen.
- Verzichten Sie auf Nikotin und Alkohol, bis auf ein Glas Rotwein täglich.
- Pflegen Sie Ihre Haut regelmäßig mit Aloe Vera, Soja-Gesichtssalbe, gelegentlich einer Weintraubenmaske oder Östrogen-Gesichtscreme.
- Wird die Haut regelmäßig gepflegt und mit sinnvollen Wirkstoffen versorgt, bleibt sie deutlich länger jung. Sie sehen nicht nur jünger aus, Sie fühlen sich auch so.

Das Vital-Ionen-Verjüngungsbad

Die Haut ist ein hochqualifizierter Säure- und Schlacken-ausscheider. Die Übersäuerung des Körpers ist bei fast allen Menschen die Hauptursache vieler Krankheiten, und sie beschleunigt zudem das Altern. Wenn das Bindegewebe zur Sondermülldeponie wird, treten Krankheiten und typische Alterserscheinungen auf. Darunter leidet auch das Aussehen. Wahre Schönheit kommt tatsächlich von innen – sie ist der Ausdruck eines stimmigen inneren Seins.

Besonders Frauen in den Wechseljahren sind stark gefährdet, weil ihr Körper nicht mehr durch die Monatsblutung Säure entsorgen kann. Ihr Organismus gerät in eine völlig neue Stoffwechselsituation, und viele Frauen bekommen Rheuma, Osteoporose oder Haarausfall. Das alles lässt sich jedoch vermeiden, indem man die Übersäuerung des Körpers mit einem Vital-Ionen-Verjüngungsbad neutralisiert. Für ein solches Vollbad geben Sie einfach meine spezielle Vital-Ionen-Mischung in das Badewasser. Dass dieser Badezusatz unter anderem reich an Magnesium, dem Anti-Stress-Mineral ist, spüren Sie an der Entspannung, die sich bald wohltuend bemerkbar macht. Die im Vital-Ionen-Bad enthaltenen ätherischen Öle entfalten sich im warmen Wasser besonders intensiv und entspannen Körper und Seele. So können Sie das Gleichgewicht Ihres Körpers ohne viel Aufwand wiederherstellen.

Das Vital-Ionen-Bad ist besonders reich an Mineralien und Spurenelementen. Diese Vitalstoffe üben einen starken Effekt auf Haut und Bindegewebe aus. Sie wirken glättend, straffend und sorgen für weiche Haut und für glänzendes Haar. Bei Frauen helfen Sie gegen Cellulite, gegen die sonst kaum ein Kraut gewachsen ist. Das Vital-Ionen-Bad löst die Salze der Cellulite-Schlacken in Oberschenkeln, Hüften und Oberarmen.

Außerdem werden Durchblutung, Entschlackung sowie Sauerstoffversorgung angeregt und die Zellerneuerung aktiviert. Nach einem Bad in körperwarmem Vital-Ionen-Bad fühlen Sie sich herrlich entspannt und erholt und stärken darüber hinaus durch die stattfindende Entsäuerung Ihr Immunsystem.

Der Verjüngungseffekt zeigt sich in einer reinen Haut, straffem Gewebe, einer rosigen Gesichtsfarbe, mehr Beweglichkeit und einem freien Geist. Sie werden das Gefühl haben, mit jedem Vital-Ionen-Bad ein Jahr jünger zu werden.

Hilfe bei Prostatavergrößerung

Früher trat dieses Problem weniger in Erscheinung, weil die Menschen gar nicht so alt wurden, dass es auftreten konnte. Je älter wir aber werden, desto wichtiger ist es, sich schon frühzeitig damit zu befassen und vorzubeugen. Die Medizin hat Mittel entwickelt, die die Umwandlung von Testosteron in seine aggressive Form verhindern, die so genannten »5-Alpha-Reduktase-Hemmer«-Medikamente, die das Enzym blockieren, das die Umwandlung des Testosterons in das Dishydrotestosteron bewirkt. Aber auch die Natur bietet pflanzliche Hilfen an, die erstaunlich wirksam sind und einer Prostatavergrößerung vorbeugen. Besonders hilfreich ist ein Extrakt aus der Sägepalme und Kürbiskernen sowie Kürbiskernöl. Die Medizin bietet dazu Möglichkeiten, auch einem möglichen Prostatakrebs wirksam vorzubeugen, durch die regelmäßige Einnahme von Selen, Lycopin und Soja-Isoflavonen. Aber auch 500 Milligramm Histidin als Kur über zwei Wochen genommen sind sehr hilfreich. Meiden sollte man dagegen Alkohol, der einen Wachstumsschub bewirkt und die hilfreiche Wirkung dieser Mittel weitgehend aufhebt.

Besonders wichtig ist es, mit der Vorbeugung möglichst früh zu beginnen, sobald die ersten Anzeichen einer Prostatavergrößerung sichtbar und spürbar werden, also Dünnerwerden des Harnstrahls, ein paar Sekunden Stau, bevor der Urin fließt, und plötzlicher Harndrang, der einen sofortigen Toilettenbesuch erzwingt. Wenn Sie rechtzeitig handeln, können Sie bis ins hohe Alter von Prostatabeschwerden weitgehend verschont bleiben und Ihre natürliche Sexualität genießen.

Das Altern des Knochensystems

Der Zustand Ihrer Knochen ist ein zuverlässiger Indikator für das Altern. Besonders Frauen leiden in der zweiten Lebenshälfte häufiger unter Knochenerweichung. Die Körpergröße nimmt deutlich ab, und die Haltung wird gebückt, bis hin zum so genannten »Witwenbuckel«. Das betrifft jedoch auch den Mann, wenn zu wenig Geschlechtshormon produziert wird. Östrogene und Androgene sind der beste natürliche Schutz für das Knochensystem und sollten gegebenenfalls zugeführt werden, allerdings nur unter ärztlicher Überwachung, denn eine Überdosierung ist nicht zu empfehlen, und eine Unterdosierung hilft nicht ausreichend.

Wichtig ist auch, auf eine regelmäßige Belastung des Knochensystems durch ausreichende körperliche Bewegung und leichten Sport zu achten, denn dadurch wird auch das stützende Muskelgewebe gestärkt. Vorbeugend sollten Sie schon in der Jugend damit beginnen, einer Übersäuerung und Entmineralisierung des Körpers vorzubeugen, indem Sie den Säurezustand über pH-Teststreifen täglich kontrollieren und notfalls gleich ein Entsäuerungsmittel einnehmen, um dafür zu sorgen, dass eine Übersäuerung des Körpers gar nicht erst beginnt. Außerdem schaden Alkohol, Kaffee, Zucker und Nikotin, die möglichst zu meiden sind. So halten Sie Ihre Knochen jung, was sich in einer aufrechten und sportlichen Haltung zeigt.

Das Herz-Kreislauf-System gesund halten

Um Ihr Herz-Kreislauf-System zu schonen, müssen Sie besonders Stress vermeiden. Machen Sie sich bewusst, dass es keine stressverursachenden Situationen und Umstände gibt, sondern dass unser Umgang mit den Lebenssituationen bestimmt, ob sie Stress auslösen oder nicht. Es ist daher die Einstellung und die Lebensführung, die zu ändern oder zu optimieren ist. Denn das Stresshormon Adrenalin fördert Herzinfarkt und Schlaganfall und begünstigt viele andere Erkrankungen. Wenn Sie also ständig unter Druck stehen, ungeduldig oder häufig zornig, aggressiv und kampfbereit sind, dann verkürzt das deutlich Ihr Leben und vervielfacht mögliche Krankheiten. Besonders unter solchen Belastungen braucht Ihr Herz Hilfe. Diese sollten Sie ihm in der Form von ausreichend lebenswichtigen Vitaminen und Vitalstoffen geben. Selbstverständlich ist eine ausreichende Versorgung mit Vitamin C, am besten in der magenfreundlichen Form von Calcium-Ascorbat, und natürlich mit Vitamin E (Tocopherol) und Selen. Nehmen Sie dazu Magnesium, Folsäure, aber auch Knoblauch, denn er senkt den Blutdruck, hat eine gefäßreinigende Wirkung und verhindert Ablagerungen an den Gefäßwänden. Außerdem sollten Sie mit Ihrem Arzt sprechen, um Chlamydien auszuschließen. Fragen Sie ihn auch nach Policosanol.

So entlastet, wird Ihr Herz ein Leben lang gesund bleiben und Ihnen Freude machen, indem Sie es nie spüren.

Dazu gehört auch eine regelmäßige Zahnhygiene, denn Zahnbelastungen können nicht nur Ihrem Herzen, sondern dem ganzen Körper ganz schön zu schaffen machen und das Leben deutlich verkürzen. Vergessen Sie auch nicht, regelmäßig Ihre Blutwerte überprüfen zu lassen. Achten Sie dabei besonders auf ausgeglichene Werte bei Homocystein, Cortisol, LDL, Blutzucker, Chrom und Mangan. Besonders Mangan hält die Körperzellen länger jung durch den Schutz der Telomere. Das sind jene Endstücke der Chromosomen, die, wie wir bereits gesehen haben, bei jeder Teilung verkürzt werden. Je mehr Teilungen eine Zelle hinter sich hat, desto kürzer sind die Telomere und desto älter ist die Zelle, die so zu einem Maßstab für das Alter wird.

Das Immunsystem stärken

Das menschliche Immunsystem gehört mit etwa zwei Kilo Gewicht zu den schwersten Organen, aber es ist im ganzen Körper verteilt. Spezielle Aufgabenbereiche sitzen in der Thymusdrüse, der Milz, den Mandeln und dem Knochenmark. Immunzellen müssen überall einsatzbereit sein und nutzen als Transportweg das Blut. Ist es zu dick, gerät alles ins Stocken. Ausreichende Flüssigkeitszufuhr erhöht die Aktivität Ihres Immunsystems und schützt die zur Abwehr wichtigen Schleimhäute vor dem Austrocknen. Auch wenn Sie wenig Durst haben, trinken Sie Ihrem Immunsystem zuliebe täglich mindestens zwei Liter. Grüner Tee wirkt durch das enthaltene Alkylamin direkt auf die für die Abwehr so wichtigen T-Zellen und *verzehnfacht* deren Immunreaktion.

Stress dagegen legt die Abwehrzellen praktisch lahm, weil vermehrt Adrenalin, Noradrenalin und Cortisol ausgeschüttet werden, die nur in einer ausreichenden Entspannungsphase wieder abgebaut werden können. Auch ein Mangel an Vitamin A oder Beta-Carotin verkleinert die

Milz und die Thymusdrüse. Das gilt auch für Zinkmangel, wodurch speziell die Zahl der T-Zellen sinkt. Täglich 50 Milligramm Zink sind für Ihr Immunsystem unverzichtbar. Ein Mangel an Vitamin B6 dagegen reduziert die Zahl der dringend notwendigen Antikörper.

So halten Sie Ihr Immunsystem fit und jung: Schon herzhaftes Lachen regt die Bildung körpereigener Abwehrstoffe an. Auch gute Laune und eine optimistische Grundhaltung steigern die Widerstandskraft und wirken wie ein Turbo-Booster auf das Immunsystem. Mindestens viermal die Woche Joggen oder Radfahren, aber ohne jede Anstrengung, bringt Ihre Abwehrkräfte auf Trab. Ausreichend Schlaf ist eine Fitnesskur für Ihr Immunsystem. Ihr Idealgewicht ist auch ideal für Ihr Immunsystem. Ausreichend Sonne zu tanken aktiviert Ihre Abwehrkräfte, während zu viel Sonne sie schwächt. Achten Sie dabei auf ein gesundes Mittelmaß. Geschwächt wird das Immunsystem auch durch einen Eiweißmangel, denn ohne Eiweiß kann der Körper keine Immunzellen bilden. Besonders aktiv ist dabei die Aminosäure Valin. Hilfreich kann probiotischer Joghurt sein, denn die Milchsäurebakterien, auch Bifido genannt, halten die Darmflora im Gleichgewicht. Achten Sie außerdem darauf, täglich ungesättigte Fettsäuren zu sich zu nehmen, und meiden Sie gesättigte Fettsäuren. Geben Sie Ihrem Körper reichlich Antioxidantien, vor allem Vitamin C, Vitamin E, Selen und Beta-Carotin.

Legen Sie viel Wert auf Ihre Abwehrkräfte, denn ein geschwächtes Immunsystem lässt Sie frühzeitig altern. Auch viele Arten von Arthritis sind ein Zeichen für ein Versagen des Immunsystems. Indem Sie Ihre Abwehrkräfte jung und gesund halten, tragen Sie entscheidend dazu bei, bis ins hohe Alter fit zu bleiben.

Die Heilkraft des Lachens und des Lächelns

Wann haben Sie das letzte Mal so richtig herzlich gelacht? Wenn die Antwort nicht »heute« lautet oder Sie sogar nachdenken müssen, dann wird es höchste Zeit, wieder einmal zu lachen. Machen Sie sich einmal bewusst, worüber Sie so richtig lachen können. Was der eine zum Losbrüllen findet, ist für den anderen nur albern. Doch ganz gleich, worüber Sie lachen, die Hauptsache ist, dass Sie es möglichst regelmäßig tun, am besten mehrmals täglich. Sie können absolut sicher sein, dass allein das Ihren Gesundheitszustand deutlich verbessert und wahrscheinlich auch Ihr Leben verlängert.

Lachen ist ein kostenloses Wundermittel, von dem viel zu selten Gebrauch gemacht wird, obwohl es garantiert keine unerwünschten Nebenwirkungen hat, außer dass vielleicht der Griesgram am Nebentisch die Nase rümpft, aber eigentlich nur, weil er Sie in Wirklichkeit beneidet. Wenn Sie lachen, massiert das Zwerchfell die inneren Organe, die Durchblutung wird gefördert und die Verdauung angeregt. Der Kreislauf wird angeregt, der Puls beschleunigt und der Körper besser durchblutet. Die Produktion von körpereigenen Glückshormonen wird aktiviert, so dass ein wunderbares Wohlgefühl Ihren ganzen Körper erfüllt.

Ihr Immunsystem wird optimiert, Ärger und Stress lösen sich auf, und Ihre Stimmung wird froh und optimistisch. Lachen lindert sogar Schmerzen, löst Verspannungen, und es verbessert Ihre körperliche und geistige Haltung. Mit einem Wort: Lachen ist einfach unverzichtbar, überall kostenlos zu haben und hochwirksam.

Aber auch Lächeln hat eine ähnliche Wirkung. Wenn Sie nur eine Minute lang die Mundwinkel so weit nach oben ziehen, wie es Ihnen eben möglich ist, und dort mindestens eine Minute lang halten, hat sich Ihre Laune mit absoluter Sicherheit deutlich gebessert. Wenn Sie das regelmäßig fünf Minuten lang machen, können Sie sogar eine Depression vertreiben. Lächeln ist eine sehr empfehlenswerte Dauertherapie mit vielen erwünschten Nebenwirkungen.

Eine andere hilfreiche Eigentherapie ist »geistiges Fasten«. Das heißt, alles loszulassen, was nicht zu Ihrem Glück beiträgt, vor allem Ärger, Stress, Eifersucht, Zorn, Sorgen, Neid, Angst und Traurigkeit. Erfüllen Sie sich mit der Energie von Freude, Optimismus, Wohlwollen, Liebe und was immer Ihnen guttut, und Sie erleben, dass Sie es in der Hand haben, wie gesund Sie sind, wie wohl Sie sich fühlen und wie sehr Sie das Leben genießen.

Warum es so oft bei guten Vorsätzen bleibt

Sie kennen das alle: Sie lesen ein gutes Buch, haben ein interessantes Seminar besucht oder eine wichtige Erkenntnis gewonnen und sind voller guter Vorsätze, das neu erworbene Wissen von nun an auch regelmäßig zu praktizieren. Oder Sie hören eine wichtige Information und sagen:

»Vieles weiß man ja schon, aber ...«

»Das ist alles sehr einleuchtend, aber ...«

»Ich würde ja gern, aber ...«

»Ich habe es schon ein paarmal versucht, aber ...«

»Ich weiß, ich halte einfach nicht durch.«

»Wenn es mir dann besser geht, mache ich einfach nicht weiter.«

Unendlich viel Gutes und Wichtiges geschieht nicht, weil es irgendein scheinbar unüberwindliches Hindernis gibt, an dem es letztendlich scheitert. Mag die Erkenntnis noch so wichtig, der Anfang noch so gut gewesen sein, irgendwann verläuft es wieder im Sand – wie immer.

Aber ganz gleich, woran es diesmal gescheitert sein mag – irgendwann wollen wir endlich einen Weg finden, das als richtig Erkannte auch durchzuhalten. Wenn wir es genau analysieren, merken wir, dass es meist daran scheitert, dass wir mit dem Wichtigsten begonnen haben. Das ist aber meist auch das Schwierigste, und wenn wir das dann nicht geschafft haben, lassen wir auch alles andere. Hier können wir also die erste wichtige Erkenntnis auf dem Weg zum Erfolg ziehen: Beginnen Sie *immer* mit dem Einfachsten.

Wenn Ihre Erkenntnis lautet: Kaffee ist schädlich, Sie aber gern Kaffee trinken, so beginnen Sie damit, eine Tasse weniger zu trinken. Sie haben dann immer noch Ihren Kaffeegenuss, vermissen eigentlich gar nichts, aber es ist ein Anfang. Dann machen Sie vielleicht die Tasse nur noch halbvoll und genießen Ihren Kaffee genauso oft wie bisher, haben aber die Belastung halbiert. Beginnen Sie also mit etwas, bei dem Sie sagen können: »Das fällt mir nicht schwer, das schaffe ich locker.« Und dann schaffen Sie es auch, weil es ja wirklich nicht schwer ist. Sie unterteilen einen größeren Schritt also in mehrere kleine, die für Sie keine Schwierigkeit bedeuten, und sobald Sie den ersten Schritt geschafft und sich *zur Gewohnheit gemacht* haben, erst dann beginnen Sie mit dem zweiten Schritt. Das dauert zwar auf diese Weise etwas länger, aber Sie haben Erfolg. Und der Erfolg wird Sie beflügeln, neue Schritte zu unternehmen, und wenn Sie wieder mit dem Einfachsten beginnen, werden Sie wieder Erfolg haben. Das ändert allmählich Ihr Selbstbild, denn Sie wissen irgendwann: »Wenn ich mir etwas vornehme, dann halte ich das auch durch!«

Natürlich sollten Sie es sich auch beim Einfachsten so leicht wie möglich machen. Da bleibt nämlich noch das Problem: »Ich habe einfach nicht daran gedacht.« Vermeiden Sie das, indem Sie überall Zettel hinlegen, und *tun Sie es!* So fällt diese Ausrede auch gleich weg, und Sie bleiben dran.

Vor allem aber gewinnen Sie Ihr Unterbewusstsein als Freund und Helfer auf dem Weg zum Erfolg. Kämpfen Sie nicht gegen seine Beharrlichkeit an, sondern nutzen Sie sein Beharrungsvermögen zur Durchführung Ihres Vorhabens.

Jung bleiben durch Meditation

Die Aufmerksamkeit auf den »inneren Körper« zu richten, hat auch deutliche Vorteile für den physischen Körper. Sobald das »alterslose« Bewusstsein jede Zelle des Körpers durchflutet, beginnen auch die Zellen, alterslos zu werden, was das körperliche Altern deutlich verzögert. Das wirkt natürlich noch stärker, sobald Sie ständig als dieser innere Energiekörper leben. Je mehr Bewusstsein im Körper ist, desto jünger ist er.

Ein weiterer Vorteil ist die Stärkung des Immunsystems. Je mehr Bewusstsein im Körper ist, desto aktiver ist Ihr Immunsystem. Das kann so weit kommen, dass Krankheit überhaupt keine Chance mehr hat, weil Ihr Superimmunsystem mit Viren und Ähnlichem spielend fertig wird, bevor sie sich ausbreiten. Aber nicht nur Ihr körperliches Immunsystem wird gestärkt, auch Ihr psychisches Immunsystem wird deutlich verbessert. Negative Energien, die Sie erreichen, werden darin sofort in harmonische Energien umgewandelt. Sie leben so in einer ständigen Harmonie, ganz gleich, welche Energien Sie umgeben. Sie sind stets gut gelaunt und sehen jede Schwierigkeit als Chance zum Besseren.

Das Bewusstseinsfeld, das Sie umgibt, verändert natürlich auch Ihre Umwelt. Das heißt, dass die Menschen in Ihrer Umgebung sich in Ihrer Nähe besonders wohl fühlen, weil auch sie so harmonischer werden, allein durch Ihre Anwesenheit. Ärger, Aggressionen und Wut lösen sich auf, bevor sie »in Erscheinung« treten. Sie leben dadurch in einer immer harmonischeren Umgebung und haben nicht nur sich selbst, sondern auch Ihr Umfeld positiv verändert, ohne etwas Besonderes zu tun. Diese bewusste Anwesenheit Ihres wahren Seins verändert aber nicht nur Ihren Körper, Ihre Psyche und Ihren Geist positiv, sondern zieht nach dem »Gesetz der Resonanz« auch ganz andere Ereignisse in Ihr Leben. Das bewusste SEIN lässt Sie in ein ganz neues Leben eintreten. Das verändert auch deutlich das Verhalten der Menschen in Ihrer Umgebung. Sie haben das Bedürfnis, Ihnen in jeder Weise behilflich zu sein, und es macht Ihnen Freude, Ihnen zu helfen, so dass Sie erfahren, was es heißt, in der »Leichtigkeit des Seins« zu leben. Sie können Ihre Meditation auch auf einen bestimmten Aspekt des Lebens richten, z. B. das Danken. Indem Sie für etwas danken, das Sie haben möchten, nehmen Sie es geistig »in Besitz«, und das Leben *muss* es als Realität »in Erscheinung« treten lassen. Sie können Ihre Aufmerksamkeit in der Meditation auch auf eine Erkenntnis richten, ganz allgemein, oder auf eine bestimmte erwünschte Erkenntnis. Sie schließen sich damit an das »kosmische Informationsfeld« an und rufen die gewünschte Erkenntnis ab, so dass sie in Ihr Bewusstsein tritt. Sie können Ihre Aufmerksamkeit in der Meditation auch auf die Liebe richten, vielleicht sogar verbunden mit der Energie der Dankbarkeit, und erleben, wie die natürliche Liebe Ihres wahren Wesens Ihr ganzes Sein erfüllt, Ihr Denken, Fühlen und Handeln bestimmt und Ihnen hilft, zu einem Liebenden zu werden. Das macht nicht nur Ihr ganzes Leben erfüllender, es erhebt jeden, der in Ihre Nähe kommt, zu sich selbst. Die Schwingung der Liebe hält Sie gesund und jung, ganz gleich wie alt Sie sind. Denn die beiden Gehirnhälften, die über den Corpus Callosum miteinander verbunden sind, schwingen mit zunehmendem Alter immer mehr in verschiedenen Frequenzen, mit bis zu acht Hertz Unterschied. Durch die Meditation entsteht eine gemeinsame harmonische Schwingung, die energetisch eine ganz neue Situation schafft. Mit dieser Energie können Sie jede Situation, jeden Umstand und jeden Menschen heilen, einfach indem Sie Ihre liebevolle Aufmerksamkeit darauf richten und gerichtet halten, bis es »geschehen« ist. Die Macht Ihres wahren Wesens tritt »in Erscheinung«.

Im Meer der Energie baden

Während Sie meditieren, können Sie folgende Übung durchführen, die aus drei Teilen besteht. Am wichtigsten ist dabei der dritte Teil, dessen Wirkung jedoch darauf beruht, wie vollständig Sie die ersten beiden Schritte vollziehen. Suchen Sie sich für diese Übung einen ruhigen Ort, an dem Sie sich vollkommen entspannen können und nicht gestört werden. Nehmen Sie sich so viel Zeit, wie Sie möchten.

1. Schritt: Diese Übung können Sie im Liegen, Stehen oder Sitzen ausführen. Setzen Sie sich mit geradem Rücken, ohne sich anzulehnen, auf den Boden oder einen Stuhl und lassen Sie bewusst Ihren Atem geschehen. Sie müssen ihn nicht verändern, vertiefen oder gleichmäßiger werden lassen, sondern einfach nur beobachten. Beobachten Sie Ihren Atem, bis er sich von selbst verändert und Sie zu »Ihrem« Atem gelangen. Lassen Sie Ihre Wirbelsäule länger werden und als Wurzel tief in die Erde wachsen. Denken Sie zuerst, wie dies geschieht, stellen Sie es sich dann bildlich vor und lassen Sie es schließlich als geistige Wirklichkeit ganz lebendig geschehen. Lassen Sie Ihre geistige Wurzel bis zum Mittelpunkt von Mutter Erde reichen. Wenn Sie an diesem Mittelpunkt angekommen ist, nehmen Sie die ganze Kraft von Mutter Erde in sich auf. Lassen Sie geschehen, wie diese Kraft in Sie hineinströmt, jeden Teil Ihres Körpers erfüllt und Ihnen unerschöpfliche Vitalität und Jugend schenkt. Als stiller Beobachter erleben Sie mit, wie die Kraft der Erde Ihren Körper heilt und jede Zelle wieder auf ihre ursprüngliche Vollkommenheit ausrichtet. Wenn Ihr Körper ganz erfüllt ist von der Kraft der Erde, öffnet sich Ihr Scheitelchakra, und die Kraft der Erde strömt durch Sie hindurch in den Kosmos. Sie erleben, wie die Kraft in Ihnen und durch Sie wirkt und wie Sie zu einem Kraftfeld der Heilung und Vitalität werden.

2. Schritt: Wenn die Kraft der Erde Sie ganz erfüllt und durch Sie ruhig in den Kosmos strömt, lassen Sie Ihr Bewusstsein sich durch Ihr geöffnetes Scheitelchakra in den Kosmos erheben. Sie erleben, wie Ihr Bewusstsein sich bis zum Mittelpunkt des Universums erhebt und das ganze Universum ausfüllt. Sie erkennen, dass SIE der Mittelpunkt des Universums SIND, dass Sie das ganze Universum SIND. Lassen Sie die umfassende kosmische Energie über Ihr allumfassendes Bewusstsein in Ihren Körper einströmen. Spüren Sie, wie diese kosmische Energie jede Zelle Ihres Körpers reinigt, durchdringt und erfüllt, bis Sie Ihr ganzes Sein ausfüllt und über Ihre geistige Wurzel in die Erde strömt.

3. Schritt: Während die Kraft der Erde weiter durch Ihre geistige Wurzel in Sie hineinströmt und über Ihr weit geöffnetes Scheitelchakra in den Kosmos fließt und gleichzeitig kosmische Energie über Ihr allumfassendes Bewusstsein in Ihren Körper einströmt, sind Sie der stille Beobachter, der erlebt, was geschieht. Sie erleben bewusst das Wirken beider Kräfte in Ihrem Körper und spüren, wie sie verschmelzen. Sie erleben sich als harmonische Mitte zwischen Geist und Materie. Sie fühlen, wie beide Kräfte in Ihnen zu einer Kraft verschmelzen, dem ICH BIN, der Ewigen Gegenwart, die in Ihnen in Erscheinung tritt.

Sie sind ein Ausdruck der stärksten Kraft des Universums und spüren bewusst, wie diese Eine Kraft in Ihnen und durch Sie als Liebe zum Ausdruck kommt. Sie erkennen die Liebe als Ihr wahres Wesen. Sie sind die Eine Kraft, das Universum und die Liebe. Sie sind alles gleichzeitig und der Teil des Ganzen, der diesen Körper bewohnt. Sie sind ein kleiner Teil der Schöpfung und gleichzeitig die ganze Schöpfung. Alle Kräfte der Einen Kraft ruhen in Ihnen und warten darauf, von Ihnen in Besitz genommen zu werden. Das ist Ihr geistiges Erbe, das seit ewigen Zeiten auf Sie wartet, das darauf wartet, dass Sie endlich »zu sich« kommen, dass Sie »zu Bewusstsein« kommen und als der leben, als der Sie gemeint sind – als Sie selbst. Sie sind die Kraft der Universums, und Sie können nicht krank werden oder altern, Sie SIND, und Sie sind ewig.

Meine tägliche Meditation

Ich höre auf meinen Körper, beachte und befolge seine Botschaften.

Ich weiß, wenn mein Körper mir eine Botschaft schickt, hat das immer einen Grund. Es ist eine Bitte um Hilfe, und so helfe ich meinem Körper ganz bewusst, gesund zu werden und zu bleiben.

Ich lebe immer natürlicher und stimmiger, so dass mir mein Körper kaum noch eine Botschaft schicken muss. Ich weiß, dass das Symptom verschwindet, sobald ich die darin enthaltene Botschaft verstanden und befolgt habe.

Ich mache mir immer wieder meine Lebensgewohnheiten bewusst, lege gesundheitsmindernde Gewohnheiten ab und mache mir gesundheitsfördernde Verhaltensweisen zur Gewohnheit.

Ich weiß, dass gesund sein die Erinnerung ist an die mir innewohnende Harmonie, daran, wieder so zu leben, wie ich von der Schöpfung gemeint bin. Ich achte vor allem auf natürliche und lebendige Nahrung, esse mäßig und kaue gründlich, so dass die Nahrung energetisch optimal aufgeschlossen wird.

Ich achte auf regelmäßige Psychohygiene bzw. Innenweltreinigung, ich gewöhne mir das Ärgern ganz ab und bleibe in jeder Situation heiter und gelassen. Ich denke mehr und mehr positiv und achte auch auf regelmäßige Entsäuerung und Remineralisierung meines Körpers. Ich bewege mich regelmäßig mit Freude und halte meinen Körper fit. Ich sorge auch für regelmäßige Entspannung und genügend Schlaf, halte mehrmals am Tag inne, zentriere mich und ruhe in meiner Mitte. Ich ziehe meine Aufmerksamkeit sofort ab von Schwierigkeiten und richte sie auf Chancen und Lösungen.

Ich liebe meinen Körper und mein Leben, lebe im Ein-Klang mit mir und der Welt und nehme jeden Menschen so, wie er ist.

Ich vertrage alles, was ich esse, gut und bleibe dabei vollkommen schlank. Ich schlafe abends leicht ein, schlafe die ganze Nacht tief und fest durch, wache jeden Morgen frisch und gut gelaunt auf und freue mich auf den neuen Tag.

Mein Denken ist klar und mein Gedächtnis absolut zuverlässig. Meine Blutwerte sind die eines gesunden, sportlichen Zwanzigjährigen, und meine Arterien sind vollkommen frei.

Mein Körper macht mir große Freude, wird immer gesünder und vitaler, so dass mein Geburtsdatum ohne jede Bedeutung ist.

Ich sprühe vor Lebensfreude, bin voller Energie und so leistungsfähig wie selten zuvor und handle unglaublich effektiv.

Das Leben ist ein einziges Abenteuer, das ich frohen

Herzens genieße. Vollkommen gesund zu sein ist für mich ganz normal.

Ich bin bereit, mich jeder Aufgabe zu stellen, packe sie voller Elan an und löse sie optimal.

Ich achte darauf, täglich genügend Antioxidantien wie Vitamin C, OPC und Q 10 zu nehmen, damit es meine Körperzellen leichter haben.

Meine regelmäßige Bewegung fördert deutlich mein Wohlgefühl und bringt mir immer neue Energie. Dadurch werden meine Muskeln immer kräftiger, ich habe ein gesundes Gewicht und eine Traumfigur. Meine sportliche Bewegung aktiviert den Kreislauf und meinen Stoffwechsel auf natürliche Weise, verlangsamt das Altern und verlängert mein Leben. Denn durch die verbesserte Sauerstoffaufnahme wird nicht nur mein Herz-Kreislauf-System gestärkt, sondern auch mein Körper besser entgiftet und durchblutet. Vor allem bildet mein Körper durch die regelmäßige Bewegung mehr Fett verbrennende Enzyme, so dass ich auch im Schlaf immer schlanker werde und mein Cholesterinspiegel auf ein gesundes Niveau sinkt.

Ich finde und praktiziere regelmäßig die Bewegungsform, die mir am meisten Freude macht, denn Bewegung mit Freude wirkt doppelt, und mein Wohlgefühl steigert sich von Tag zu Tag. Zwei- bis dreimal täglich sorge ich dafür, dass ich einmal kurz außer Atem komme, weil dadurch die Sauerstoffaufnahme der

Zellen deutlich gesteigert wird. Das kann ich zum Beispiel erreichen, indem ich das Treppenhaus als Fitnessstudio nutze.

Ich erkenne das Leben immer mehr als eine »Entdeckungsreise zu mir selbst« und als ein Spiel, das mir zur Freude stattfindet, und schaffe mir bewusst immer mehr Lebensqualität auf allen Ebenen. Mehrmals am Tag gönne ich mir Zeiten der Muße und erfülle bewusst jeden Augenblick. Ich entwickle die Fähigkeit, aus einem ganz normalen Alltag etwas ganz Besonderes zu machen.

Ich mache mir meinen Wunschtraum bewusst und verwirkliche ihn, so dass ich wirklich »märchenhaft« lebe. Ich entdecke die »Ästhetik des eigenen Handelns« und lebe bewusst in der Leichtigkeit des Seins. Bevor ich in dieses faszinierende Spiel des Lebens eingetreten bin, habe ich dafür gesorgt, dass ich *alles* vom Leben bekomme, einfach, indem ich meine Aufmerksamkeit und meine Überzeugung darauf richte und gerichtet halte. Indem ich die Richtung meiner Aufmerksamkeit ändere, ändert sich mein ganzes Leben. Und indem ich meine Aufmerksamkeit auf Gesundheit, Vitalität und Wohlgefühl richte, geschieht Heilung in meinem Körper. Und indem ich meine Aufmerksamkeit darauf richte, lebe ich alterslos. Das geschieht, indem ich mir bewusst mache, wer ich *wirklich* bin.

Die persönliche Situationsanalyse

Sie wissen nun, wie Sie alle Bereiche Ihres Lebens in Harmonie bringen können, um jung, gesund und ausgeglichen zu bleiben. Doch vielleicht ist Ihnen noch nicht bewusst, wo Sie noch etwas ändern müssen. Machen Sie eine persönliche Situationsanalyse, eine Bestandsaufnahme Ihres Lebens. Beantworten Sie dazu folgende Fragen und überlegen Sie, was Sie stört, wie Sie es zum Positiven wenden können und was Sie in Ihrem Leben ändern müssen, um zu verhindern, dass ständig etwas von Ihrem Lebenszeitkonto abgebucht wird. Nehmen Sie sich Zeit, die Fragen zu beantworten, und denken Sie in Ruhe darüber nach. Horchen Sie in Ihr Inneres, denn Ihr Unterbewusstsein wird Ihnen mitteilen, was das Richtige für Sie ist. Sie können diese persönliche Situationsanalyse jederzeit wiederholen, um zu sehen, was sich bereits für Sie verändert hat und wo Sie jetzt stehen.

1. Was steht im »Tagebuch Ihres Körpers«?
   - Welche Beschwerden haben Sie?
   - Welche Krankheiten hatten Sie früher?
   - Was sind Ihre Schwachstellen?
2. Was ist Ihr größtes Problem?
   - Was war Ihre größte Enttäuschung?
   - Was war Ihr schlimmstes Erlebnis?

- Haben oder hatten Sie Schuldgefühle? Wenn ja, warum?

3. Wer oder was stört Sie am meisten?
   - Warum stört es Sie so sehr?
   - Können Sie es ändern?
   - Können Sie Ihre Einstellung dazu ändern?

4. Haben oder hatten Sie Angst?
   - Wovor haben oder hatten Sie Angst?
   - Ist die Angst begründet?
   - Wie können Sie diese Angst auflösen?

5. Was lieben Sie, was lehnen Sie ab?
   - Warum lieben Sie es? Warum lehnen Sie es ab?
   - Was gefällt Ihnen am besten in Ihrem Leben?
   - Was stört Sie am meisten in Ihrem Leben?

6. Was ist oder war Ihr größter Wunsch?
   - Warum haben oder hatten Sie diesen Wunsch?
   - Werden Sie diesen Wunsch verwirklichen können?
   - Was fehlt Ihnen zur Verwirklichung?

7. Was würden Sie anders machen?
   - Was würden Sie anders machen, wenn Sie das Leben noch einmal beginnen dürften?
   - Was würden Sie anders machen, wenn Sie ganz gesund wären?
   - Was hindert Sie daran, es zu tun?

Biologisch jünger werden

Ich möchte Ihnen noch einmal die besten Tipps, um biologisch jünger zu werden und bis ins hohe Alter vital zu bleiben, zusammenfassen. Prägen Sie sich diese gut ein, aber achten Sie darauf, nicht nur theoretisch zu *wissen*, was Sie tun müssen, sondern es auch zu *tun*!

Ihr Körper wird biologisch älter oder jünger, je nachdem, wie Sie ihn behandeln.

Zunächst einmal müssen Sie alles erkennen und ändern, was Sie schneller altern lässt, wie: Rauchen, Ärgern, Stress, Angst, Sorgen, negatives Denken, Alkohol, Übergewicht, ein negatives Selbstbild, zu wenig Bewegung, Aggressionen, Minderwertigkeitsgefühle, unnatürliche Nahrung, ein ungeliebter Beruf, Unwissenheit und Unbewusstheit, Drogen, fehlender Humor, Lieblosigkeit, belastende Überzeugungen oder ungenügendes geistiges Training.

Versuchen Sie, den »Jungbrunnen Ernährung« optimal zu nutzen. Essen Sie bis mittags nur Obst und trinken Sie Grünen Tee. Versorgen Sie Ihren Körper mit einer umfassenden Nahrungsergänzung durch Vitamine, Mineralstoffe, Antioxidantien, Hormone und Spurenelemente. Wichtig ist auch, den Körper regelmäßig zu entsäuern und zu remineralisieren und genügend zu trinken.

Erreichen Sie Ihr Idealgewicht und halten Sie es Ihr Leben lang. Meiden Sie jede Diät und ändern Sie Ihre Ernährungsgewohnheiten behutsam. Seien Sie sparsam mit Fett, Zucker und Salz. Praktizieren Sie so oft wie möglich Dinner-Cancelling.

Nutzen Sie das »Geheimnis der Hundertjährigen«: **mit Freude in Bewegung bleiben.** Anstrengung ist verboten, was allein zählt, ist Ausdauer. Machen Sie Sport: *täglich* 30 Minuten im aeroben Bereich: Power-Walking, Radfahren, Gartenarbeit, Joggen, Tanzen oder zehn Minuten Trampolin-Schwingen. Trainieren Sie täglich Ihren Gleichgewichtssinn als zentralen Sinn. Achten Sie darauf, einmal am Tag zu schwitzen.

Optimieren Sie alle Aspekte Ihres Lebens. Kommen Sie vom Beruf über die Berufung zur Erfüllung. Genießen Sie eine harmonische, liebevolle Beziehung, einfach dadurch, dass Sie selbst ein idealer Partner sind. Schaffen Sie sich ausreichend Muße. Finden Sie Ihren eigenen Rhythmus und leben Sie danach.

Lernen Sie täglich etwas Neues. Lassen Sie sich begeistern. Optimieren Sie Ihr Selbstbild und seien Sie sich selbst Ihr bester Freund. Lachen und singen Sie täglich, seien Sie ganz bewusst immer gut gelaunt.

Üben Sie ein erfüllendes Hobby aus – ein Leben lang. Praktizieren Sie die »Kunst des Genießens« ständig bewusst als Optimist und »Lebens-Künstler«. Machen oder hören Sie so oft wie möglich gute Musik. Schaffen und pflegen Sie erfüllende Freundschaften. Abonnieren Sie das Glück, seien Sie einfach glücklich. Leben Sie in einer ständigen inneren Freude wirklich »märchenhaft«.

Beachten Sie die Geistigen Gesetze und befolgen Sie jede Botschaft Ihres Körpers. Sie wissen, dass jede Krankheit eine Ursache hat und geheilt werden kann. Nutzen Sie die jeweils neuesten Erkenntnisse der Wissenschaft. Betreiben Sie Psychohygiene: Lassen Sie Ihre Vergangenheit los und leben Sie »leichtsinnig«. Schaffen Sie sich Wohlstand und optimieren Sie Ihre Bildung, das hält jung.

Treffen Sie nur noch richtige Entscheidungen. Bestimmen Sie Ihre Lebenserwartung ganz bewusst selbst. Wir werden dadurch alt, dass wir *erwarten*, alt zu werden. Der Glaube daran, dass wir altern, lässt uns altern. Hören Sie auf, zu denken, Sie müssten alt werden. Bleiben Sie jung!

Weise Worte zum Schluss

Wir denken gern an die »schöne Jugendzeit« zurück, aber war sie wirklich so schön, wie wir sie in Erinnerung haben? Bis man einigermaßen erwachsen ist, schlägt man sich mit Dingen herum, die eine ungeheure Wichtigkeit zu haben scheinen und bei denen wir erst viel zu spät erkennen, wie unwichtig, unnütz und überflüssig sie eigentlich sind.

War das alles wirklich so schön? Die ersten pubertären Hautunreinheiten und jede Menge Liebeskummer, die ersten vergeblichen Diäten und die nie endenden Problemzonen. Die nächtelangen Beziehungsgespräche, die bangen Zeiten der Schwangerschaftstests, der Stress in der Schulzeit, die stets ungenügende Vorbereitung auf die Klausuren und Prüfungen, die angeblich so schöne Studentenzeit. Die Urlaube im Zweimannzelt, mit unzähligen Mücken und anschließendem Sonnenbrand, die riskanten Motorradtouren, der ständige Geldmangel ... Die Sorgen nahmen kein Ende, aber das vergessen wir später einfach und träumen von der ach so schönen Jugendzeit.

Älterwerden ist ein bisschen wie Bergsteigen: Je höher man kommt, desto beschwerlicher wird der Weg, aber die Aussicht und der Überblick sind jede Mühe wert.

Als ich jung war, dachte ich, dass man mit 60 Rheuma hat und am Stock geht, die Enten füttert und sich auf sein Mittagsschläfchen freut. Tatsächlich ist es eine unglaubliche Erfahrung, älter zu werden. Wenn ich damals gewusst hätte, wie es wirklich ist, was ich mit 75 erlebe, dass es mit jedem Tag schöner wird, ich hätte es kaum erwarten können, älter zu werden. Heute ist jeder Tag eine neue Überraschung, und dem Leben fällt immer wieder etwas Neues ein. Natürlich kann ich ein paar Dinge nicht mehr so gut wie früher, aber dafür erlebe ich täglich Dinge, von denen ich früher nicht einmal träumen konnte, weil sie mir gar nicht bekannt waren. Vor allem habe ich mir nicht träumen lassen, dass das Leben mit 75 von Tag zu Tag intensiver werden könnte, aber genau das ist der Fall. Vieles, was mir früher Sorgen gemacht hat, spielt heute einfach keine Rolle mehr. Dafür genieße ich es, von Tag zu Tag weiser zu werden, zumindest erlebe ich es so, und wenn mir jemand anbieten würde, mein Leben beliebig zurückzudrehen, müsste ich sagen: »Um *keinen* Tag!« Dazu freue ich mich viel zu sehr auf morgen und ich genieße das Jetzt. In jedem Augenblick kann wieder etwas ganz Besonderes passieren, und das möchte ich auf keinen Fall verpassen. Mit einem Wort, es ist ein unbändiges Vergnügen, älter zu werden, ohne sich so zu fühlen, aber ich glaube, gerade das ist unsere Wahl. Das Leben wartet auf unsere Anweisung, auf unsere Entscheidung.

Haben Sie sich schon entschieden? Worauf warten Sie noch? Das Leben ist ein Spiel, und *Sie* sind am Zug. Also entscheiden Sie sich – *jetzt!*

Ich hoffe und wünsche Ihnen, dass Sie aus diesem Buch den größtmöglichen Nutzen ziehen und nach der Lektüre eine positive Einstellung zum Altern, zum »Altsein«, bekommen. Werden Sie alt und bleiben Sie jung!

Ihr Kurt Tepperwein

Im Buchhandel und Internet finden Sie stets brand-
aktuelle Themen, sowie zeitlose Wissensschätze von
Kurt Tepperwein!

Folgende Bücher und E-Books können Sie direkt über den BoD-Verlag
(www.bod.de/www.bod.ch) detailliert einsehen, bevor Sie sich für Ihr
Wunschthema entscheiden:

- Ab heute bin ich frei!
- Bäume ausreißen! – Trainingsheft für mehr Motivation
- Berufskrise ade! – Frei sein von Arbeitssucht, Stress, Burn-
  out, Mobbing, Innerer Kündigung und Arbeitslosigkeit
  Bewusstseinssprung in eine neue Dimension
- Blinddate mit Magen und Darm
- Bring Farbe in dein Leben mit Dankbarkeit
- Bring Farbe in dein Leben mit einem einfachen Lächeln
- Bring Farbe in dein Leben mit Heiterkeit
- Bring Farbe in dein Leben mit Herzensfülle
- Bring Farbe in dein Leben mit Hingabe pur
- Bring Farbe in dein Leben mit Liebesweisheit
- Bring Farbe in dein Leben mit Seelenkraft
- Bring Farbe in dein Leben mit Stille in dir
- Bring Farbe in dein Leben mit Wertschätzung
- Bring Farbe in dein Leben mit Zeitlosigkeit
- Das Buch der Erfolgsgesetze
- Die hohe Schule des Lebens
- Die Kunst mühelosen Lernens
- Die Praxis der geistigen Gesetze
- Die Renaissance der Frauenpower – 7 Schritte zur Liebesfähigkeit
- Du bist wie du bist!
- Ein Leben ohne Ängste und Sorgen? – Trainingsheft für mehr
  Lebensqualität
- Einfach nur schön
- Endlich wieder FIT! – Trainingsheft zur Gesunderhaltung
- Erwachen zum wahren Sein
- Folge deinem Leitstern
- Frau sein – ganz sein, Mentaltraining für eine neue Weiblichkeit
- Geistheilung durch sich selbst
- Gelassenheit
- Gelebte Achtsamkeit

- Gestalte dein Leben einfach neu! – Energetischer Impulsgeber zum Thema Alltagsführung
- Gesund für immer
- Glaube an Dich!
- Glücks-Gesetze
- GoldenWay Edition: Das Leben als Einweihungsweg
- GoldenWay Edition: Ihr Zauberstab Gedankenkraft
- Hilf dir selbst. Sei du selbst. Gesunde!
- Kausal-Training
- Leben im Überfluss, Die Zukunft selbst bestimmen
- Leben in der Gegenwart der Engel
- Liebst du mich auch? Energetischer Impulsgeber zum Thema Partnerschaft
- Nie mehr ärgern, bewusster leben
- Nie oder Jetzt! Aufbruch zur wahren Identität
- Out-Burn, Burn-out umkehren. Der Ausweg aus der Erschöpfungsfalle.
- Perlen der Weisheit
- Probleme adieu! Trainingsheft zur Konfliktbesänftigung
- Schreib Dein Leben um
- Selbstbewusst durchs Leben! – Energetischer Impulsgeber zum Selbstwert und Sicherheit
- Selbstheilungskräfte aktivieren
- Sinnfindung leicht gemacht! – Energetischer Impulsgeber zum Thema Bewusstwerdung
- Tepperwein Magazin der neuen Generation
- Tepperwein Magazin der neuen Generation 2
- Tepperwein Magazin: Wünsche & Träume mit Mental-Training verwirklichen
- Von der Angst zur Lebensfreude
- Wahre Freundschaft: Tierisch echt!
- Was wünscht du dir vom Leben?
- WEIH-NACHTEN
- Willkommen in der Leichtigkeit
- Willst du erfolgreich sein? – Leitfaden zu Reichtum und Erfolg
- Wunder vollbringen durch schöpferische Imagination
- Zeit halt, stehengeblieben! – Trainingsheft für ein gutes Zeitmanagement